白井 誠

政党政治を考える
―「議会の制度化」と質疑応答 ―

信山社ブックス

信 山 社

はじめに

■質疑応答をめぐる事象と国会改革

　2017 年秋の総選挙（10. 22）に大勝した自民党は，その後の 195 回（特別）国会において，委員会の質疑時間は「各会派の所属議員数の比率に基づいて，各会派に割り当てる」（衆委先 45）ことが原則であるとして，衆議院の委員会（特に予算委員会）における，同党の質疑時間の大幅な増加を求めた。質疑機会に恵まれない同党所属議員の要請に応えたものであるが，野党が要求する首相出席の予算委員会の開会に応じることに関連して，首相の意向があったと報道されたところでもある（日経 2017. 10. 27, 31）。同国会においては与野党双方の暫定的な妥協に留まり，翌年の常会 196 回国会にも尾を引いたが，委員会の質疑時間配分をめぐる駆け引きがどのように作用しているかは，敢えて言及する必要もないであろう[1]。

　上記の問題に加えて，自民党は，2017 年にはいったん停止状態になってしまった党首討論の見直しと併せて，首相の国会出席削減等の「首相の公務への影響を避ける国会改革」の他，委員会審議効率化の観点から，委員会定例日の見直し，議案審査と関係のないいわゆる一般質疑の見直しを目指すとも報じられた（日経 2018. 1. 4, 時事デジタル 1. 9, 朝日 1. 13, 東京 1. 13）。このような提起もつまるところ，政党会派と政府の関係性に，質疑時間の配分見直しと同一方向の効果をもたらす，質疑応答をめぐる事象として把握できるわけであるが，「政」と「官」の関係性にまつわる問題の噴出によって，こうした動きは，表面からは消えた。逆に，露わになったものは，国会審議の在り方にとどまらない，議院内閣制運用

1　(1)　NHK が中継する予算委員会の基本的質疑，集中審議（以上は総理出席）や証人喚問との関係に特性を見出す，時事デジタル 2018. 2. 28 参照。なお，NHK 中継との関係も含め，基本的質疑，集中審議については，向大野 2018：179-182, 186-188 が簡潔である。
　　(2)　委員会の質疑時間配分の背景について，序章 1 節，同 2 節(2) ii, 5 章 3 節(2) i 参照。

はじめに

の全体に関わる構造的な不健全性であろう。

196回国会を総括する時期に至り，同国会をとおして外部有識者も招きつつ国会改革の検討を続けてきた，若手有力議員を中心とする自民党の議員グループが独自の改革案を発表（2018. 6. 27)[2]，引き続いて，同グループの呼びかけに応じて，会派横断の「『平成のうちに』衆議院改革実現会議」が100人以上の出席を得て始動した[3]。自民党議員グループの改革案は，若手有力議員の発信力とともに，国会審議の「三車線化」というキャッチ・フレーズの訴求力，更には，議会制度協議会（衆先144），議運委員会，同・理事会や国対間での各党協議とは異なるアプローチの斬新さもあって，耳目を集めるところ大なるものがあった。改革者としての旗印を手にしたことは恐らく間違いないが，今後のモメン

---

2 「2020年以降の経済社会構想会議有志一同」参照。そこでは，統治構造改革の成果としての「総理主導」に見合うものとして，「国会は厳しく行政を監視し，内閣の説明責任を確保するとともに，生産性向上を図り，限られた時間の中でしっかりと結論を出す場になる必要がある」としている。下記は「三車線化」した具体策の骨格である。

  1. 行政の公正性に疑義が生じる場合，国会に特別調査会を設置し，国政調査権を発動することを認めるべきだ。

  2. 内閣の説明責任を強化するため，2週間に1回，党首討論や大臣討論を開催すべきである。

  3. こうしたことを前提に，<u>国会審議も，より迅速化・合理化していく必要がある</u>。そのために，予算や法案の審議を行う委員会では，個別の「スキャンダル」案件の追及ではなく，法案審議を優先的に行うなど政策本位の審議を行うべきである。／総理や大臣の国会出席を合理化すべきである。／国会審議をより政策本位にするため，国会審議を計画的に進める仕組みを導入すべきである。

3 自民，国民民主，日本維新，無所属議員が参加。事実上の196回閉会日7.20に同会議として大島衆議院議長に申入れを行なった（197回（臨時）開会翌日10.25，高市議運委員長にも申入れ）。そこでは，議運委員会の「国会改革小委員会において，改革を進めていくことが不可欠である」と述べ，特に「国会審議の充実に関する申し合わせ」（次注4参照）は，「今後の議論の基本にすべきものである」と評価した上で，「早急に議論し，平成のうちに実現すべき」ものとして，○党首討論の定例化・夜間開催の実現，○衆議院のIT化，○女性議員の妊娠・出産時等への対応の三点を提言している（毎日デジタル：政治プレミア7.23）。

はじめに

タムはどのように推移するであろうか。

「国会改革は『合意しても実行されない』という歴史を繰り返してきた[4]。どんなに小さいと言われても一つでも前に進めたい」（朝日 6. 29）という上記議員の意気込みを受け止めるならば，「『合意しても実行されない』という歴史を繰り返してきた」ことの構造的な理由がまず何よりも問われなければならない。この解明こそが「どんなに小さいと言われても一つでも前に」進むべき方向を指し示すはずである。この視点を欠いたまま──対症療法としての国会改革が論じられるばかり──であれば，たとえそれが意匠を凝らしたものであったとしても，竜頭蛇尾のデジャビュは現実のものになり続けるのではないだろうか。

■ 憲法 63 条が持つ歴史性と無意識

　ところで，こうした政党会派と政府の質疑応答をめぐる問題は，もっぱら議会先例（以下「先例」という。）の領域に属するものである。そのせいもあって，先例というインフォーマルな法形式そのものが注目されてもいる（日経 2017. 12. 18，赤坂 2018. 8）。では，なぜ先例の問題なのか。一言で言えば，議院内閣制の基本的な運用規範である憲法 63 条［内閣総理大臣その他の国務大臣は，両議院の一に議席を有すると有しないとにかかはらず，何時でも議案について発言するため議院に出席することができる。又，答弁又は説明のため出席を求められたときは，出席しなければならない］を頂点とする具体的・日常的な質疑応答をめぐる運用の体系が，明治・大正期に淵源を持つ先例──見え難い歴史的，累積的な集合知──を中心に組み立てられているからに他ならない。ここでは，この先例の体系と，国会法・議院規則の関係は，帝国憲法下の旧議院法・議院規則との関係と同様に，主と客が倒立しているのである。学説上，国会法と議院規則の優劣関係が問題とされてきたように，このことも議院の自律権の範疇のものとして安易に素通りできないことであるが，憲法 63 条が背景に持つこのような歴史性は，これまで深く問われることがなかったもので

4　引合いに出されているのが，「国会審議の充実に関する申し合わせ」（2014. 5. 27 与野党 7 党国対委員長合意：共産，社民を除く）である（終章注 8 参照）。

はじめに

ある。しかし，ここには議院内閣制の運用をめぐる大きな無意識が潜んでいると筆者は考える。

1890年から1937年の政党政治を衆議院先例彙纂（昭和12年版）を用いて分析した川人貞史教授は，先例とは「議会の制度化」そのものであると定義し，「単なる法制度として開設された議会が，運営されるにしたがって，議院法および衆議院規則などの規定が実際に適用される場合が生じ，一定の仕方で処理されていく。そこで規定が解釈され，あるいは無視される。また，法が予期していなかった場合が生じ，そこで議会がそうした問題の処理の仕方を決定する。こうして先例・慣例が形成されていく」と説明している（川人 1992：19）。憲法63条が持つ歴史性とは，質疑応答をめぐる「議会の制度化」の無意識の継承に他ならないのである。

■「議会の制度化」分析によって明らかにしたこと

筆者は前著（白井 2017）において，質疑応答をめぐる「議会の制度化」を分析した。そこでは，明治議院規則が，超然とした政府と立法協賛機関の関係に相応しいものとして規定した審議システム——自立的・自足的な議員同士の討議のプロセス[5]——の外形を保ったまま，この討議のプロセスを解体し，政党政治の伸張に見合う，言わば，帝国議会審議の「迅速化・合理化」の帰結として，全く別のシステムに置き換えたことを明らかにした。

できあがったものは，先例の生成・蓄積——「政党会派（と政府）による質疑応答の分断・囲込み」——を鍵としてそれぞれ造られた，①政府と政党会派の関係性に特化した審議システムと，この審議システムを動かす政党会派間の協議による自律的運営，②審議の外における，政党会派と政府の関係（特に過半数政党と政府の事前の融合），③同じく審議の外における，政党会派内の関係（所属議員の管理・統制），以上，三つの枠組み

---

5 この「討議」においては，委員会，本会議を通貫する議員同士の討論（質疑応答の連鎖を包含する広義の討論）と議院の意思決定に密接な繋がりがある。「討議のプロセス」とは，この議員同士の討論に基づいて条文毎あるいは関連条文毎に意思決定が行われる逐条審議を中心とする審議のプロセスである。

はじめに

が連動して作用し合う三位一体の「質疑応答の構造」である。

そして，大正衆議院規則の新たな議決（1925/ 大 14. 3. 24）という象徴的な上書きによって，この「質疑応答の構造」と帝国議会制度その他の実定制度が遡及的な共棲を果たし，政党内閣が拠って立つ「政党政治の法構造」が完成した。質疑応答をめぐる先例の生成・蓄積の過程をとおして初めて，政府と政党は積極的に出会い，先例の生成・蓄積の到達点である「政党会派（と政府）による質疑応答の分断・囲込み」を鍵として，政府と与党は正統なものとして融合にまで至り得たのである。

更に，敗戦に伴う憲法体制の転換に当たっても，「議院法伝統」（大石 2001：18）──帝国憲法・議院法・議院規則とパラレルな法体系（憲法・国会法・議院規則）──によって，先例等と実定制度の枠組みを継承し，「質疑応答の構造」をそのまま継承したこと，これにより，「政党政治の法構造」が議院内閣制の運用全体を規定するものとなったこと，そして，GHQ による占領管理と独立回復後のリバランスを経て，「質疑応答の構造」が 55 年体制の下で更に洗練され精緻化を遂げ，55 年体制以降も国会制度を強く拘束してきたこと，こうしたことも明らかにした。

以上の連続線は，帝国憲法の不可侵性の副作用，憲法体制転換の鮮烈性，時間の経過という二重三重の障壁と制約によってこれまで明確にされてこなかったものである。「政党会派（と政府）による質疑応答の分断・囲込み」を鍵とする，政党内閣制の法的な成り立ちは今現在の議院内閣制の運用をも規定しているのであって，日本政治をめぐる問題の隠れた本質はここにあると考える。

■本書のねらい

平成期の選挙制度改革・統治構造改革（憲法改革）によって，国会に基盤を置く政党の状況は変転し，また，「政」と「官」の関係性は大きく変わったのであるが，議院内閣制の運用を規定している不可視な「質疑応答の構造」に手の入らない憲法改革──実定制度上の「政」の拡張と集権化──によって，議院内閣制の運用は却って歪みを深め，大きな壁に直面していると考える。「政党会派（と政府）による質疑応答の分

vii

はじめに

断・囲込み」を無意識の前提とする冒頭のような現下の事象と，無意識の前提を明らかにした前著の分析の時期的な重なりは，筆者にとっては，必ずしも偶然とは思えない。

取り残された改革の対象——「政党会派（と政府）による質疑応答の分断・囲込み」を鍵とする「質疑応答の構造」——の把握が何よりもまず必要な時である。それは，究極の議員立法とも言うべき憲法改正の本格的な議論を前にしても変わるところはない。「質疑応答の構造」の中で，政党会派（と政府）によって分断され囲い込まれたタコ壺型の質疑応答が，議院の意思決定にほとんど無関係に短絡する説明会型の分断議会を形成していることを，前著で指摘した。多彩なものとして出発した国会制度は，こうした歴史的・構造的な分断議会の特性に見合うものとして——委員会の国政調査をその典型として——言わば，国会審議の「迅速化・合理化」によって空洞化され，縮小均衡して，いわゆる「一車線」化してしまった。この「一車線」は，議院内閣制の運用を規定する強固な構造の一端として存在する不可逆的なまでに強固なものなのである。

以上を踏まえれば，これまで問われることのなかった国会の質疑応答の在り方が抱える根源的な問題を，簡潔なかたちで問うことにも意義があるのではないかと考え，質疑応答をめぐる「議会の制度化」を改めて追い，消去された討議のプロセスの来し方を再訪してみることにした。「議院法伝統」に隠れた実相としての国会制度の探究が，帝国議会の「本会議中心主義」のブラック・ボックス——それは皮肉なことに国会の「委員会中心主義」のブラック・ボックスでもある——を開いて，先例一般に対する脈絡のないトリビアなイメージを取り払い，質疑応答をめぐる先例——言わば，審議の「迅速化・合理化」[6]を目指した見え難い歴史的，累積的な集合知——の体系が，議院内閣制運用の鍵として，極めて

---

6 本書では，既に用いているように，帝国議会改革，国会改革の見え難い一貫したテーマとして，審議の「迅速化・合理化」という言葉を捉えている（注2中3下線部を援用）。これによって，「協働の基盤の欠落」という合成の誤謬がもたらされたと筆者は考える。本書をとおしてそのことを明らかにしていく。

viii

はじめに

大きな機能を果たしてきたことを明確にするはずである。そして，今現在及びこれからの政党政治を考えるに当たっても，この再訪が，新たな視点を提示するはずである。

　篤く勧めてくださった信山社の袖山貴さん・稲葉文子さんには，これまでと同様，感謝の言葉も見つからないが，上梓に当たり，改めて心から御礼を申し上げたい。

　2018 年 12 月

白井　誠

目　次

は じ め に
質疑応答をめぐる事象と国会改革 ／ 憲法 63 条が持つ歴史性と無意識 ／
「議会の制度化」分析によって明らかにしたこと ／ 本書のねらい

序　章 ——————————————————————————————3

第1節　質疑応答をめぐる無意識 ………………………………………3
第2節　「質疑応答の構造」とは何か………………………………6
(1)　先例による読会制度変革のターゲットとツール ………6
ⅰ　明治議院規則：「討論」の節と「委員」の審査
—— ターゲット (6)
ⅱ　大体の質疑応答 —— ツール (7)
(2)　隠れた鍵が作り出した「質疑応答の構造」…………………7
ⅰ　見えるものと見えざるものによる三位一体の構造 (8)
ⅱ　三位一体の構造が結ぶ現象 (8)
(3)　政党政治の法構造
—— 隠れた鍵がつなぐ，実定制度と不可視な「質疑応答の
構造」の共棲 ……………………………………………9

第1章　先例による帝国議会の制度化（前史）————————11

第1節　帝国憲法体制と超然主義 ……………………………………11
(1)　超然主義と会派の結成 ………………………………………11
(2)　超然主義の審議システムと民党の対抗的な入り込み ……13
(3)　読会制度 ——「本会議中心主義」のブラック・ボックス……14
第2節　明治議院規則の議決 ……………………………………………16
(1)　衆議院 —— 民党が第一読会に打ち込んだクサビ
（「大体の質疑応答」の規定）……………………………16

xi

目　次

　　　　ⅰ　「大体の質疑応答」── 読会制度の周縁的規定（*16*）

　　　　ⅱ　規定の成り立ちの特異性（*17*）

　　（2）　貴族院の場合 ……………………………………………………*18*

　　　　ⅰ　先例を根拠とした「大体の質疑応答」（*18*）

　　　　ⅱ　先例による衆議院との同質化の流れ（*20*）

　第3節　明治議院規則を読む ……………………………………………*21*

　　（1）　衆議院先例彙纂・委員会先例彙纂の改訂から：1 ………*21*

　　　　ⅰ　明治35年版・衆議院先例彙纂草案と委員会先例彙纂草案（*21*）

　　　　ⅱ　明治35年版・衆議院先例彙纂草案に至るまでの過程（*23*）

　　（2）　広義の討論として規定された本会議の審議 ………………*24*

　　　　ⅰ　質疑応答に関する曖昧な規定
　　　　　　── 「自他を問わない質疑応答の連鎖」の許容（*24*）

　　　　ⅱ　広義の討論として規定されたことの意味（*26*）

　　（3）　議席，演壇，大臣席の機能とその変化 …………………*27*

　　（4）　委員の「討議」
　　　　　── 「自他を問わない質疑応答の連鎖」の自由 …………*29*

　　（5）　明治議院規則の本質とその行方…………………………………*32*

　　　　ⅰ　自立的・自足的な「討議」のプロセス
　　　　　── 委員の「討議」と本会議審議の有機的連関（*32*）

　　　　ⅱ　委員会の傍聴禁止と「討議」の関係（*33*）

　　　　ⅲ　全院委員会の傍聴許可とその背景（*35*）

　　　　ⅳ　規定の不存在の転回的な読み替え（*36*）

第2章　先例による帝国議会の制度化（一）──────────*37*

　第1節　官民調和体制の審議システムの創造
　　　　　── 先例による変革のフェーズ1 ……………………………*37*

　　（1）　二つの化学反応とその融合 ………………………………………*37*

　　　　ⅰ　明治議院規則の審議システムと現実の化学反応（*37*）

　　　　ⅱ　「大体の質疑応答」の規定と現実の化学反応（*38*）

　　　　ⅲ　政党会派と政府の関係性の構築と「大体の質疑応答」（*39*）

目　次

(2)　「大体の質疑応答」による委員会と本会議の同質化
　　　──「討議」のプロセスの解体 …………………………………40

　　i　「委員」の審査から「委員会」の審査へのパラダイム・
　　　シフト（40）

　　ii　同質化した委員会と本会議の連動（42）

　　iii　「大体の質疑応答」の全部化の帰結 ── 逐条審議の消失（43）

(3)　「官民調和体制」の審議システム
　　　── 委員会と本会議の同質化による過半数意思の貫徹 ……44

第2節　政党会派による運営の制度化（1）
　　　── 先例による変革のフェーズ1の過程で …………………45

(1)　政党会派を基礎的構成単位とする運営
　　　── 過半数意思の貫徹 ……………………………………………45

　　i　特別委員の比例配分（45）

　　ii　両院協議会協議委員の選出（46）

　　iii　常任委員の比例配分（47）

(2)　各派協議会の始まりと協議の恒常化 …………………………48

(3)　衆議院先例彙纂・委員会先例彙纂の改訂から：2 ………49

　　i　逐条審議放棄の規範化（本会議）
　　　── 通則の消去と違例による置き換え（49）

　　ii　逐条審議放棄の規範化（委員会）
　　　──「本会議に関する法規に準拠」という転回的な規範化基準（51）

第3章　先例による帝国議会の制度化（二） ──────55

第1節　質疑応答の構造 ── 変革のフェーズ2 ………………55

(1)　国務大臣の演説に対する質疑の制度化 ……………………55

(2)　政党会派による運営の制度化（2）……………………………57

　　i　政党会派による通告の始まり ── 27回議会の画期（57）

　　ii　政党会派による「大体の質疑応答」の管理・統制と，政党
　　　会派による自律的運営の法的連関（58）

(3)　政党会派（と政府）による「大体の質疑応答」の分断・
　　　囲込み …………………………………………………………………60

xiii

目　次

　　　　ⅰ　本　会　議（*60*）

　　　　ⅱ　委　員　会（*61*）

　　（4）　先例による変革のフェーズ1・2をとおして……………*62*

　　　　ⅰ　政党会派による審議システムの確立
　　　　　── 国会の審議システムの原型（*62*）

　　　　ⅱ　「討議」のプロセスの解体過程と外部への同期的派生（*64*）

　第2節　政党政治の法構造
　　　　──「官民調和体制」の永続システムの完成　………………*70*

　　（1）　衆議院先例彙纂・委員会先例彙纂の改訂から：3　………*70*

　　　　ⅰ　政党会派による審議システムの規範集として（*70*）

　　　　ⅱ　構造連続の証として（*71*）

　　（2）　大正衆議院規則の議決　………………………………*72*

　　　　ⅰ　先例の体系と議院法・議院規則の倒立関係
　　　　　── その意味と意図と意義（*72*）

　　　　ⅱ　大正衆貴両議院規則は何をどのように規定したか（*76*）

　　（3）　小　　括　……………………………………………*78*

　第3節　「政党政治の法構造」作動の時代（1）……………………*79*

　　（1）　政党内閣制の時代　……………………………………*79*

　　（2）　政党内閣制瓦解の後　…………………………………*80*

　　（3）　被占領時代 ── 国会法案起草の段階　……………………*83*

第4章　帝国議会から国会への隙間のない転換と継承 ────*85*

　第1節　憲法補則・国会法附則・暫定衆議院規則　…………………*85*

　　（1）　帝国議会と国会の結節点　……………………………*85*

　　（2）　憲法体制転換の在り方をめぐって
　　　　──「議院法伝統」の形成　………………………………*86*

　　（3）　仮想現実による隙間のない転換　……………………*93*

　第2節　帝国議会の規範の転換と継承………………………………*96*

　　（1）　普遍的な議院規則の継承　……………………………*96*

　　（2）　普遍的な先例等の継承　………………………………*97*

（3）普遍的な議院の運営準則の枠組みの継承
　　── 実定制度規範と先例による規範の枠組み ……………………99
（4）「質疑応答の構造」の継承と「政党政治の法構造」の
　　再起動 ……………………………………………………………100
第3節　議院内閣制の運用をめぐる無意識 ………………………………101
（1）旧憲法54条から憲法63条へ ………………………………………101
（2）憲法41条との関係 …………………………………………………104

第5章　国会制度と「質疑応答の構造」
── 「政党政治の法構造」作動の時代（2）── 105

第1節　被占領時代 ………………………………………………………105
第2節　独立回復後 ………………………………………………………108
第3節　55 年 体 制 ………………………………………………………110
（1）総　　論 ………………………………………………………110
（2）国 対 政 治
　　── 議長の権限と政党会派による運営の法的連関の変容……111
　　ⅰ　各派交渉会から議院運営委員会，そして同理事会へ（111）
　　ⅱ　国会運営上の駆け引きのベースとして（114）
　　ⅲ　55年体制の後 ── 筆頭理事間の協議（115）
第4節　政治改革と統治構造改革 ………………………………………116

終　章　改めて討議を考える ── 119

第1節　協働の基盤の欠落 ………………………………………………119
（1）委員会制度運用の現実 ………………………………………………119
（2）国政調査の「一般化」の中で ……………………………………121
第2節　「政党政治の法構造」のアンビヴァレンス ………………………124
（1）平成期憲法改革と「質疑応答の構造」の不均衡……………………124
（2）フォーマル／インフォーマルな憲法秩序相互の関係性 …127
第3節　取り残された憲法改革 ……………………………………………128

目　次

(1) 委任と責任の連鎖……………………………………………128
(2) 代表議会の作用と実相
　　── 討議の排除が組み込まれた，議院内閣制と権力分立の
　　　　関係 ………………………………………………………129
(3) 協働の基盤を求めて
　　── 委任と責任の連鎖の明確化のために ………………132
(4) ポスト平成の時代に…………………………………………134

付録1　旧衆議院規則・貴族院規則の対比（関連部分）(137)
付録2　旧衆貴各議院規則・衆議院規則・参議院規則の対比
　　　（関連部分）(141)
付録3　質疑応答に関する主な先例項目（現行）(145)

参 考 文 献 (147)
事 項 索 引 (153)

凡　例

◆「明治議院規則」,「大正議院規則」を一般的な表現として用いるが, 旧衆議院規則, 旧貴族院規則を分けて表現する必要がある場合には,「大正衆議院規則」等を用いる。また, 旧衆議院規則及び旧貴族院規則はともに明治議院規則の条数等から移動があるが, 本書では, 便宜, 両議院規則とも, 大正議院規則の条数をベースとして用いる（付録1参照）。

◆先例の提示は, 原則として, 白井2017各章末の「先例摘録」を用いる。先例を直接引用する場合は,「衆先」,「衆委先」等の略称にそれぞれ改訂年次と号数を付す。ただし, 現行版（衆議院：平成29年版, 参議院：平成25年版）は号数のみ付す。改訂年次は, 白井2017：26-28参照。

◆法規の略称は以下のとおり。

帝国憲法「旧憲」, 議院法「旧議」, 旧衆議院規則「旧衆規」, 旧貴族院規則「旧貴規」, 日本国憲法「憲」, 国会法「国」, 衆議院規則「衆規」, 参議院規則「参規」

◆必要のない限り「政党」と「会派」を区別せず,「政党会派」と表現する。

◆旧憲法その他の旧規定を除き, カタカナは平仮名に改め, 適宜, 句読点を付す。

◆条文以外の箇所で,〔〇〇〕としているのは筆者の割書であり, また, 〇〇の下線は, 筆者の強調である。

xvii

政党政治を考える
──「議会の制度化」と質疑応答──

序　章

第1節　質疑応答をめぐる無意識

　本会議や委員会における議員の質疑と大臣等政府の応答は，政党会派と政府の関係性の内実に関わるものが，唯一，動態として表出する公の場である。国会の審議の中心にあり，議院内閣制運用の中心にある重要な要素であると言っても過言ではないであろう。しかし，例えば「はじめに」で述べた委員会の質疑時間配分問題等をめぐる現下の事象の前提にある，質疑応答の在り方そのものは，所与のもの——空気や水のようにもとからそこにある無意識なもの——であって，国会の運営上はもちろん，学術上においても，新聞その他のメディア等においても，これまで深く問われることがなかった。

　ところで，明治・大正期をとおして「二大政党制的政治構造の基礎ができあがっていく」過程を，「議会政治の生みの親といってよいイギリスが，数百年かけて達成したものに，明治維新から数えても五十数年で達してしまった」と評し，この「疾風怒濤の時代に，代議士として帝国議会に身を置くということ」の面白さを，集団劇に相通ずるものとして捉える興味深い考察がある（村瀬2015：142）。

　このひそみに倣うならば，「疾風怒涛の時代」の集団劇の中で，帝国憲法体制から排除された政党会派と超然とした政府は，質疑応答をめぐる先例の生成・蓄積（帝国議会の制度化）によって積極的に出会い，交わり，そして，先例の生成・蓄積の到達点となった「政党会派（と政府）による質疑応答の分断・囲込み」を鍵として，正統的な融合にまで至り得た。政党内閣制の時代に至る「二大政党制的政治構造」を作り上げたのである。政府与党と野党の対立に特化した集団劇の正統的な構図を作り上げたと例えることができようか。

　政府と政党会派の関係に着目した帝国憲法運用史の区分[1]（第一期——

序　章

「対立」時代（明23/1890～明27/1894），第二期——「提携」時代（明28/1895～大
13/1924），第三期——「融合」時代（大13/1924～昭7/1932），第四期——「危機」
時代（昭7/1932～昭20/1945））に従えば，第一期の儘ならなさを踏まえた
第二期は，政府と特定政党との提携が進んだ時代でもあり，政党会派の
内部体制の整備（いわゆる政党の改良）が進んだ時代でもあるが，政党会
派と政府の関係を前提とする審議システムへの変革の時代でもあった。
この変革を土台として，第三期までには，融合した政府与党と野党の対
立関係に特化した，普遍的な政党政治の運用システムが粗方できあがる。
第三期の8年間は，それが政党内閣制の運用システムとして作動した時
代である。第四期は，この運用システムの転調の時代ともいうべきもの
である。
　更に言えば，国会の質疑応答の在り方は，上記第三期までの集団劇の

1　下記について，大石2005：273，274参照。
・第一期：1890年（明23）の憲政実施とともに「超然主義」を標榜した山縣
　内閣（第1次）から，第6回議会の解散（明治27年6月）までの約5年間。
　自由党・改進党を軸とする民党と藩閥政府とが，議会の予算議定権などの問
　題をめぐって事あるごとに対立していた時期。
・第二期：1894年（明27）の日清戦争を機に，自由党が伊藤内閣（第2次）
　と提携した時から，第48回議会の開会直後に成立した「貴族院内閣」に対
　して，憲政会・革新倶楽部・政友会のいわゆる護憲三派がおこなった憲政擁
　護運動が功を奏し，清浦内閣の辞職（大正13年6月）にいたるまでの28年
　間。
・第三期：清浦内閣の辞職後の憲政会総裁の加藤高明による組閣から，1932
　年（昭7）の五・一五事件によって，犬養毅を首班とした政友会内閣が瓦
　解するまでの8年間。この時期には，イギリス的な議院内閣制が「憲政の
　常道」と考えられ，政友会・民政党の二大政党制を前提として，原則として，
　①組閣の大命を拝する者は，衆議院における第一党の党首である，②第一党
　の内閣が倒れた場合には，第二党の党首が組閣の大命を拝する，③閣僚は首
　相の所属する政党（会派）から選出される，といった政治上の慣行がほぼ定
　着していた。
・第四期：海軍将校達が首相官邸などを襲撃し，犬養首相を射殺した五・一五
　事件の後，議院内閣制的な慣行が崩れてから軍部の高圧的態度が目立つよう
　になるとともに，近衛内閣による「新体制運動」の中で議会が政府に対す
　る効果的な統制権を失い，明治立憲体制それ自体が機能停止に陥ってしまい，
　1945年（昭20）8月の敗戦と同時に明治憲法体制が崩壊するまでの13年間。

第1節　質疑応答をめぐる無意識

中でその原型が作られたものであり，国会の特性[2]と認識されているものの原型も同様に，質疑応答の在り方の原型と通底するものとして，この集団劇の中で作られたものである。しかし，質疑応答をめぐる構造的な変革の記憶は，帝国憲法体制の極度に硬い実定制度規範との関係によって封印され，更には，憲法体制の転換に伴う国会制度の創設と帝国議会制度の表面上の切り捨てによって，封印されたまま，「議院法伝統」（大石2001：18）の形成——帝国憲法・議院法・議院規則とパラレルな法体系の継承（憲法・国会法・議院規則）に付随して，当然のものとして無意識に継承された。質疑応答をめぐる無意識は，二重，三重の封印によって作られたものである。この無意識によって，国会の特性とされるものが持つ構造的な意味もまた，漠然としたままである。議院内閣制運用の構造は，漠然としたままなのである。

　帝国議会と国会の質疑応答の在り方を繋ぎ，延いては，政党内閣制と議院内閣制の運用を繋いだ無意識の鍵は，議員同士の討議を解体した，「政党会派（と政府）による質疑応答の分断・囲込み」にある。委員会の質疑時間配分問題に深く立ち入ることはしないが，例えば，「各会派の所属議員数の比率に基づいて，各会派に割り当てる」先例（衆委先45。参委先121, 135も参照）は，「政党会派（と政府）による質疑応答の分断・囲込み」という無意識の中で，戦時議会における審議の「迅速化・合理化」（3章3節(2)）の直接・間接の影響を受け継いだ派生的な先例に他ならない[3]。なお，比例配分をめぐる先例が，与党／野党を基準にして表現されることは，本会議，委員会を問わないのであって，端的に言え

2　大山2013, 2017, 野中2015参照。

・議員間の討論がない。国会の討論は政党会派を代表して行われる採決前の賛否の表明に過ぎない。

・政府に対する一方通行の質疑ばかりである（特に野党の質疑）。

・強固な与党事前審査制度が存在する。

・所属政党の機関承認がなければ議員は議案を提出できない。

・強固な党議拘束が審議の前から存在する。

・政府提出法案審議のコントロールに政府が関わるところがない。

3　昭17版衆先68（摘録5-13"），昭30衆委先39（現45），昭31参委先104（現121, 135）参照。本会議については，摘録2-6～8参照。

ば，質疑時間の比例配分に関する先例が，与党の大幅な放棄を暗黙かつ当然の前提として（次節(2)ⅱ），野党会派間の合理的な調整のツールとして機能してきたことは言うまでもないであろう。

まず問われるべきは，質疑応答の在り方とそこに隠れた構造そのものであろう。その基礎的な素材として，質疑応答をめぐる無意識の封印を解き，先例による「議会の制度化」が作り上げた「質疑応答の構造」を浮き彫りにし，その今日的な課題を問うていくこととする。

第2節「質疑応答の構造」とは何か

(1) 先例による読会制度変革のターゲットとツール

ⅰ 明治議院規則：「討論」の節と「委員」の審査 —— ターゲット

政党会派と政府の関係性を築き上げた，質疑応答をめぐる変革を順次分析していくが，その前に，先例による変革のターゲットとツールを明確にしておこう。

先例による変革の対象となったものは，超然とした政府と立法協賛機関の関係に相応しいものとして，議院法がその概略を規定し，明治議院規則が具体的に規定した読会制度（次章1節(3)）に他ならない。ただし，議院法は帝国憲法の附属法としてほとんど不可侵であったし，明治議院規則もそれと一体のものであった。ここに先例による見え難い変革——明治議院規則の審議システムの外形を残したままの変革——の必然性があった訳である。

さて，読会制度に関わる明治議院規則の規定は，議院法（27, 28条）と一体となってその骨格を規定する「読会」の節と，審議の中身——議論の在り方——を規定する「討論」の節である（付録1参照）。先例による変革のターゲットとなったのは，この「討論」の節と，「読会」の節中，第一読会のプロセスとして規定された「委員」の審査である（「委員会」の審査ではない。旧衆規94，旧貴規74）。これらは既存の分析が及んでいなかったものである。

6

第2節　「質疑応答の構造」とは何か

　もともとの「討論」の節は，今では理解し難い（注2中の，討論と質疑の特性参照），議員間の質疑応答の連鎖を当然に包含する「広義の討論」を規定するものであった。そして，第一読会のプロセスとしての「委員」の審査は，読会制度の中心となる第二読会の逐条審議の前提として，本会議の「広義の討論」とはまたレベルの異なる，非公開の場（旧議23）での，（政府委員を交えた）委員間の質疑応答の連鎖の自由を認めるものであった（旧議44，旧衆規28・旧貴規17）。

ⅱ　大体の質疑応答 ── ツール

　先例による変革のツールとなったものが，明治衆議院規則の議決に際し，「読会」の節中に，民党側の主導によって規定された第一読会の「大体の質疑応答」の規定［議員ハ議案ニ対シ疑義アルトキハ国務大臣政府委員又ハ発議者ニ説明ヲ求ムルコトヲ得］（旧衆規93②）である。「大体」とは「逐条」との対比で用いられた表現（次章2節(1)ⅰ）であるが，議員間の質疑応答の連鎖によって成り立つ逐条審議ではなく，議案全体の中から議員個々が自らの選考によって政府に疑義を質す「大体の質疑応答」こそが，政党会派と政府の関係性を体現できるものであった。委員会，本会議を問わず「大体の質疑応答」の拡大・全部化によって，議員間の質疑応答の連鎖は断ち切られ，やがて，政党会派（と政府）による「大体の質疑応答」の分断・囲込みに至る。先例による見え難い変革は，政党会派と政府の協働が作り上げた歴史的，累積的な集合知の産物である。政党会派（と政府）による「大体の質疑応答」の分断・囲込みはその隠れた鍵となったのである。

(2)　隠れた鍵が作り出した「質疑応答の構造」

　4章では，憲法体制の転換にあたり，「質疑応答の構造」が，国会にそのまま継承されたことを明らかにするが，ここで，「質疑応答の構造」の概要を前もって提示しておこう。

　政党会派（と政府）による「大体の質疑応答」の分断・囲込みという

序　章

隠れた鍵が作り出したものは，政党会派による審議システムであり，不可視，かつ，明確な境界線である。その境界線が，政府与党と野党との間にあることはいうまでもないであろう。帝国憲法体制の下，議院法，議院規則を始めとする実定制度の改正によって，政党会派による審議システムへの変更を行うことが不可能であった以上，見え難い変革を成し遂げた鍵と変革後の総体（質疑応答の構造）が素直に姿を現わすことは，現在においても有り得ない。

ⅰ　見えるものと見えざるものによる三位一体の構造

一本の木に例えれば，実定制度が目に見える枝葉であり，先例上の規範の体系が見え隠れする幹であり，不可視なものとして存在するのが，根であり土壌である。根が「政党会派（と政府）による質疑応答の分断・囲込み」である。この根を隠れた鍵として，実定制度と同化して，先例による審議システムが構築されている。そして，同じくこの根（政党会派（と政府）による質疑応答の分断・囲込み）を隠れた鍵として，審議の外に，政府と政党会派の関係，政党会派内の関係が形成されている。これが土壌である。この土壌は，先例による審議システムと一体のものであり，議院内閣制の運用を広く支えるものでもある。

こうした，「政党会派（と政府）による質疑応答の分断・囲込み」を鍵とする，①政府と政党会派の関係性（融合あるいは対立）に特化した先例による審議システムと，政党会派間の協議によるその自律的運営／②審議の外における，政府と政党会派の関係（特に政府と与党の事前の融合）／③同じく，政党会派内の関係の整理（所属議員の管理・統制），以上の三位一体の枠組みを，筆者は「質疑応答の構造」と呼ぶ。①を端的に言えば，政党会派による審議システムである。

ⅱ　三位一体の構造が結ぶ現像

この構造にあっては，国会審議の実態は当然に，政府と野党の対立関係に特化されたものとなり，与党は後景に退く（与党質疑時間の大幅な放棄はこの構造に組み込まれたものである）。与野党の対立関係は，もっぱら国

会の自律的運営をめぐるもの——国会運営上の駆け引き——として構築される（5章3節(2) i ）。与党質疑時間の配分増の問題も，実態は，国会運営上の駆け引きに他ならない。そして審議の外においては，政府と与党との関係，政府内の関係，与党同士の関係，野党同士の関係，政府と野党の関係，政党会派内の関係，政府と与党議員との関係，政府と野党議員との関係，こうした関係が，程度の差はあれ破綻することなく整理される。その裾野は広く，かつ，細部に及ぶが，国会の審議に直接関係する特徴的な現れを，軽重を問わず列挙すれば，／与党事前審査制と総称される政府と与党の事前融合システム／左記と連動する，議案提出段階からの強固な党議拘束（対抗的に並立する野党側の党議拘束）／以上と連関する，議案発議時の所属政党会派による機関承認／質疑内容の事前通告（前提として，いわゆる政府のレクチャー・質問取りというギブ・アンド・テイク）／左記に基づく，詳細な答弁資料の存在，といったものであろう。首相，その他の国務大臣，副大臣，政務官から政府参考人（終章注7）に至るまで，政府答弁の日常的な風景（質疑内容の事前通告に基づく，政府内で調整済みの答弁資料の読み上げ）や，事前通告がないとして答弁を拒む対応も，質疑応答の連鎖を排除する「政党会派（と政府）による質疑応答の分断・囲込み」を鍵として初めて成り立っているのである。

(3) 政党政治の法構造
—— 隠れた鍵がつなぐ，実定制度と不可視な「質疑応答の構造」の共棲

国会の実定制度と内閣その他行政全般に関する実定制度の組み合わせが，委任と責任の連鎖によって結ばれた議院内閣制に関わる実定制度である。ただし，この実定制度は，政党の動態——議院内閣制の運用プレイヤーとしての活動（政党政治）——を対象とするものでは全くない。政党政治を実定制度に組み込むものとしてここに登場するのが，前号で説いた，帝国憲法の下において形成された「政党会派（と政府）による質疑応答の分断・囲込み」を鍵とする不可視な「質疑応答の構造」である。

序　章

　この歴史的で不可視な構造と実定制度の法的共棲によってわが国の議院
内閣制は作動している。これが「政党政治の法構造」である。政党政治
の運用システムであり，延いては，議院内閣制の運用システムである。
　「質疑応答の構造」の三位一体の枠組みは，法の外にあるものを含み
ながら，国会の審議を実際に規定し，更には，どの一辺が揺らいでも全
体が揺らぐという意味においてまさに法構造であり，またこの構造が国
会の実定制度だけではなく，議院内閣制に関わる全ての実定制度と共
棲を果たしているという意味においてもまさに法構造である。そして，
「質疑応答の構造」という不可視なエンジンによって，実定制度化され
た議院内閣制が作動しているという意味において，またそこに，委任と
責任の連鎖が直接及ぶことはないという意味において，まさに捉えがた
い共棲構造である。
　この実定制度と「質疑応答の構造」の共棲構造は議院内閣制の作動範
囲の全体に及ぶ。与党事前審査制の対象として理解される法案の作成や
予算案の編成等に関わる政策決定過程全般だけではなく，その執行過程
をも当然に包含する。ここでは，前号のように「質疑応答の構造」の不
可視な土壌として形成された線引きが不可能な「政」と「官」の関係性
が，政策決定過程と同様に，法治行政に捉え難い影響をもたらす可能性
が組み込まれている。正当な行政の執行過程と「政」による介入や利益
誘導の不可視でグラデーション的な融合の蓋然性がそもそもここにはあ
る。政治家個人，党組織，その他の議員グループ等々による様々なチャ
ンネルの日常的，一般的な政治活動として理解される行為，例えば，支
持者や関係団体による陳情・関係機関への問い合わせや働きかけも，こ
の融合の蓋然性の中で，職務権限の有無にかかわらず，曖昧にシステム
化されているのである。
　次章から，この不可視な「質疑応答の構造」が，明治・大正期にどの
ように作られたのか，そしてどのように実定制度と共棲する「政党政治
の法構造」となったかということを，まず，明治議院規則を読み込んだ
上で，明らかにしていく。

第1節　帝国憲法体制と超然主義

第1章

先例による帝国議会の制度化（前史）

第1節　帝国憲法体制と超然主義

(1)　超然主義と会派の結成

　政党政治の勃興と発展，変転，再生とその後の本格的な起点は，帝国憲法の制定，更には，帝国議会衆議院の審議にある。省略の弊を恐れずに言えば，帝国憲法は，立憲体制という西欧スタンダードへの参入，藩閥政府と民権派の衝突，以上二つのベクトルにより，欽定憲法として結実したものである。このベクトルの収束として，帝国憲法は，帝国議会を天皇の立法協賛機関[1]として規定した。帝国憲法発布（明22/1889. 2.

1　天皇ハ帝国議会ノ協賛ヲ経テ立法権ヲ行フ（旧憲5），凡テ法律ハ帝国議会ノ協賛ヲ経ルヲ要ス（旧憲37），国家ノ歳出歳入ハ毎年予算ヲ以テ帝国議会ノ協賛ヲ経ヘシ（旧憲64①）等ノ外，現行憲法との対比を踏まえた概略は下記のとおり（宮沢1978：334-336参照）。
・帝国議会の両院制は完全な両院制だった。
・上院たる貴族院は，皇族・華族および勅任された議員で組織され，一般国民から選挙された議員はなかった。
・臨時会の召集は，帝国議会では，もっぱら政府（天皇）の意志にもとづいて行われた。
・旧憲法では，独立命令の制度もあり，また，緊急勅令がみとめられた。
・帝国議会も会議公開の原則をみとめ［ていたが］，政府の要求があれば公開を停止しなくてはならないとされていた。
・帝国議会では，両院の議長・副議長は勅任され，事務局の職員は官吏としてすべて政府（天皇）によって任命された。
・旧憲法では，条約の締結は［帝国議会の協賛の対象ではなく］天皇のみの権能であった。
・帝国議会では，両議院の査問権ないし国政調査権につき，別段の規定がなく，法律［議院法］は，各議院がそのために国民と直接に交渉したり，国民を呼

第1章　先例による帝国議会の制度化（前史）

11）の翌日，首相（黒田清隆）が各地方長官を招いて「政府は常に一定の方向を取り，超然として政党の外に立」つと宣言した有名な超然主義の演説（稲田 1962：922, 923）は，立法協賛機関の一翼，来るべき衆議院の審議に臨む政府の施政原理（村井 2005：14）を宣言したものである。

　ただし，この超然主義を政府の施政原理としてのみ読むことはできない。万世一系の主権者天皇の下，天皇と政府の関係・天皇と帝国議会の関係・衆議院と貴族院の関係・政府と帝国議会の関係・天皇と軍部の関係・政府と軍部の関係・天皇と枢密院の関係・政府と枢密院の関係，こうした補弼，協賛，統帥，諮詢の関係が錯綜する多元的，分立的な枠組みによって成り立つ帝国憲法体制の中で，政党は拠り所となるべき帝国議会から入念に排除されていた。その最たるものが，帝国議会の審議システムである[2]。超然主義の演説は，超然として政党の外に立つ帝国憲法体制そのものの宣明でもあり，同時に，この体制によってもなお，社会的存在に押し込め切れない政党との衝突を，政府自身が予期するものでもあった。帝国議会のスタートに当たり，政党（民党）が自ら会派[3]

　　　び出したりすることを禁止すらしていた。
　　・旧憲法では，政府は帝国議会に対して責任を負うとされなかった。
　　・旧憲法では，衆議院が政府不信任の議決をしても，それは法律的には政府
　　　に対してなんらの行動を義務づけるものではなかった。［衆議院の解散は，
　　　もっぱら政府（天皇）の意志にもとづいて行われた。］
　　・旧憲法では，内閣総理大臣以下の国務大臣は，天皇が任命した。
　2　一般的には，抽選による議員の部属（旧議4，次章注7(1)参照），同じく抽
　　　選による議席の指定（旧衆規旧15），各部における常任委員の選挙（旧衆規
　　　45），特別委員の連記選挙・委任（旧衆規64（旧63））が指摘されるが，明治
　　　議院規則が規定した審議の在り方そのもの，言わば審議の内部システムが包括
　　　的な分析の対象となってきた訳ではない。本書で取り上げる上記の議席，特別
　　　委員，常任委員を対象とする変革もこの審議システムの変革との関連性を見逃
　　　すことは的確ではない。
　3　帝国議会の変革は，会派の事実上の公認と議会運営上の主体化の過程でもあ
　　　る。下記の先例は触れていないが，13回議会以後の会派の届出の先例化は特
　　　別委員の各派比例配分の始まりと関連するものである（2章2節(1)ⅰ）。
　　　　「第13回議会以前に在っては院内に党派を認めざりしも，同会期以後は
　　　各党派所属議員数及幹部氏名を事務局に届出ることとなり，第15回議会よ
　　　りは党派別に依って議員の控室を定め，第21回よりは議席の指定，各派協

12

第1節　帝国憲法体制と超然主義

——院内における非公式な活動組織——を結成したのはこの体制への対抗的な入り込みに他ならないのである。

(2)　超然主義の審議システムと民党の対抗的な入り込み

本書が問題にするのは，読会制度に代表される帝国議会の審議システムとその変革の過程である。ここにわが国の政党政治を解く一つの鍵がある。帝国憲法とその附属法（議院法（旧憲51），貴族院令（旧憲34），衆議院議員選挙法（旧憲35））のうち，審議システムの骨格を規定したのが議院法であり，審議システムの内面を具体的に規定したのが，衆貴両議院がそれぞれ議決した議院規則（旧憲51）である。骨格と内面，この両者によって初めて審議システムが把握できるのであるが，それはさておき，帝国議会発足時の開院式に至るまで（旧議2-5）の詳細を規定する衆貴各議院成立規則（勅令220号）とともに，この議院規則の完全な雛形——衆貴各議院規則成案——を，帝国憲法・議院法と整合し，かつ，両院共通の審議システムを有するものとして，各議院の議員に範示したのも，政府（臨時帝国議会事務局）であった（大石1988：250）。民選議院（衆議院）を，皇室の藩屏，延いては，政府の藩屏であるべき貴族院と同一の枠組みによって規定することには，大きな意味があったのである。政府の入念な検討によって，衆貴各議院規則は憲法附属法（議院法）と一体のものとなり，政党会派を排除する帝国憲法体制の一画を矛盾なく占めるものとなるはずであった。しかし次節で明らかにするように，現実は，民党の対抗的な入り込みによって最初から綻びを抱えることとなる。

議会の開催等各議員の党籍を明確にする必要を生じ，爾来総選挙後に於て其の所属議員氏名を届出て其の異動ある毎に其の党派の幹部又は各議員より之を届出づるを例とす。但し各党派幹部の届出と議員の届出と一致せざる場合は本人の届出に依り党籍を定む。」（昭5版衆先670説明文）

第1章　先例による帝国議会の制度化（前史）

(3)　読会制度 ——「本会議中心主義」のブッラク・ボックス

次節に移る前に，基本的，かつ，根本的なことであるので，議院法・衆貴各議院規則に概ね沿った読会制度の解説（衆議院参議院1990A：70-72）をそのまま掲載しておく。（ただし，全体として先例が深く関わる。特に(1)(2)中の下線部は，先例を抜きにしては本来語り得ないものである。本書では，こうした議院規則と先例の体系の不可視な関係を明らかにしていく。）

　　法律案は三読会の順序を経て議決される。ただし，政府の要求または議員10人以上の要求により議院において出席議員3分の2以上の多数をもって議決したときは，三読会の順序を省略することができた（議院法27条）。三読会の手続は両議院の規則において定められ，それは次のとおりであった（貴族院規則第72条以下，衆議院規則第92条以下［両規則とも「読会」の節の説明]）。
　　(1)　第一読会においては，政府または提出者がその趣旨を弁明し，質疑応答の後，政府提出案または他の議院提出案は委員会に付託する。委員会の審査が終わったときは 議院はその報告を待って第一読会を継続し，大体につき討論した後，第二読会を開くべきかどうかを決する。その議院の議員より提出した法律案については，議院の議決により，これを委員会に付託すべきか，直ちに第二読会を開くべきかを決する。第二読会を開くべきでないと決したときは，その法律案は廃棄されたものとする。
　　(2)　第二読会は第一読会を終えた後，少なくとも二日を経て開く。ただし，議長が必要と認めるとき，または議員の動議があるときは，議長が議院に諮り，その時日を短縮し，また同日直ちに開くことができる。第二読会においては逐条審議がなされるが，議長は逐条審議の順序を変更し，または一括して討論に付することなどもできる。委員会の報告に係る修正案は当然に議題とされ，また議員は20人以上の賛成により修正の動議を提出することができる。
　　(3)　第三読会は第二読会を終えた後，少なくとも二日を経て開く。ただし，議院の議決によりその時日を短縮し，または同日直ちに開くことができることは，第二読会と同様である。第三読会においては，その法律案の全体の可否を決する。修正の動議を提出することは原則として許

第1節　帝国憲法体制と超然主義

されない。すなわち，文字を校正する場合のほか，その法律案中に互い
に抵触する事項または現行法律と抵触する事項があることが発見された
場合でなければ，修正の動議を提出することはできない。

　こうした議院法・衆貴各議院規則の「読会」の節の規定が，「討論」
の節と「委員」の審査をターゲットとした先例による変革の一方で（前
章2節(1)），帝国議会をとおしてそのまま維持されたためもあって，帝国
議会の審議システムの一貫した特性と理解され，これまでその構造的な
変革について思考の停止と断絶を招いてきた[4]。国会の「委員会中心主
義」の対比として表現された「本会議中心主義」の呪縛とでも言うべき
ものである。「帝国議会は法文化された制度だけからみると，非常に強
い制限下におかれてきたが，そのもとでの実際の状況をつくり出したの
は政党であった。……，政党の発達はさまざまな制度を死文化し，それ
に代わる新たな慣行を生み出すことによって，帝国議会を内容づけた
のであった」と指摘する上においても（古屋1991：53-58），先例による帝
国議会の制度化という視点を明らかにして分析する上においても（川人
1992：18, 19），「本会議中心主義」から自由ではない。
　読会制度は，議院法（27, 28条）と一体となったその強固な枠組み（明
治議院規則中「読会」の節）だけではなく，本会議の議論の在り方（「討論」
の節），更には，第一読会のプロセスとして規定された「委員」の審査
の在り方（「委員会」の審査ではない。旧衆規94, 旧貴規74），以上の一体的
な考察によって初めて理解し得るものであり，その理解を踏まえて初め

　4　白井2017：18-25参照。帝国議会のオフィシャルな記録と記憶を継承する
　　「衆議院参議院編1990 A」が，他の制度化と異なり，「読会制度」に関わる制
　　度化に正面から触れないのは，オフィシャルな記憶の中にあっては，帝国議
　　会審議システムの根幹をなす「読会制度」の実質的な放棄が封印されている
　　ためである。この点は，帝国議会末期における，衆議院書記官長の著作（田
　　口1939）や事務局内部の体系書（衆議院事務局1942）も変わるところがない。
　　鈴木1953による「本会議中心主義」はこの延長線上において定義されたもの
　　である。3章1節(4)iも参照。

15

第1章　先例による帝国議会の制度化（前史）

て，帝国議会の制度化による構造的な変革とその連続性をも捉えること
ができるのである。ここには質疑応答をめぐるダイナミックなドラマが
ある。以下，このことを念頭において論を進める。

第2節　明治議院規則の議決

(1)　衆議院 —— 民党が第一読会に打ち込んだクサビ
（「大体の質疑応答」の規定）

ⅰ 「大体の質疑応答」—— 読会制度の周縁的規定

　明治議院規則が規定した審議システムを探る前に，会派の結成によっ
て帝国憲法体制への対抗的な入り込みを図った民党の関与にまず注目し
なければならない。これまで指摘されてこなかったことであるが，衆議
院規則の議決に際しても，藩閥政府が範示する超然とした審議システム
への対抗的な入り込みが行われたのである。

　帝国議会発足時（開院式後）に各議院が議決した議院規則[5]において，
「質疑」という名詞は単体では存在しない。「討論」の節中に「質疑応
答」という往復行為として存在するが，同一議題に対する同一議員の発
言を1回に制限する規定の中で，「質疑応答」をその例外として除外す
る規定であり（旧衆規113但，旧貴規94但），「質疑」そのものについて規
定するものではない。この「質疑応答」の規定には，明治議院規則の
「討論」の本質があり，審議システムの本質がある。またそれ故に，そ
の後の先例による変革の最大のターゲットとなった。その理由は，順次
明らかにしていくが，いずれにせよ，「質疑」という単一方向のみの関
心だけでは，見えるべきものが見えてこない。「質疑応答」という双方
向の関係性を常に念頭に置くことが必須である。

　5　両議院規則とも明23/1892. 12. 1議決。前提となった臨時帝国議会事務局の
　　成案も含め，両議院規則の議決経過及びその内容について，大石1991，赤坂
　　2001, 2002：83，衆議院参議院編1990 A参照。

第2節　明治議院規則の議決

　さて，「質疑」に相当するものを具体的に規定するのは，第一読会冒頭，議案の朗読・趣旨弁明（旧衆規93①）に続く，「大体の質疑応答」（大体ニ付質疑）の規定［議員ハ議案ニ対シ疑義アルトキハ国務大臣政府委員又ハ発議者ニ説明ヲ求ムルコトヲ得」（同②，旧貴規73に規定なし）のみである。ちなみに，「大体ニ付質疑」という表現は，第二読会に入る前の規定「議院ハ委員ノ報告ヲ待チ大体ニ付討論シタル後第二読会ヲ開クヘキヤ否ヤヲ決スヘシ」（旧衆規94②：政府提出法案，貴族院提出法案），「議員ヨリ提出シタル議案ハ大体ニ付討論シタル後第二読会ヲ開クヘキヤ否ヲ決スヘシ若委員ニ付託スルノ動議アリテ之ヲ可決シタルトキハ其ノ報告ヲ待チ第二読会ヲ開クヘキヤ否ヲ決スヘシ」（旧衆規94③：議員提出法案）の下線を援用し，第二読会の「逐条」と対比して，議案の朗読・趣旨弁明後の「大体の質疑応答」を表現したものである（読会制度が「大体の質疑応答」の全部化（逐条審議の消失）によって事実上解体される以前は，本会議でも，委員会でも，先例集上においても，「大体ニ付質疑」は普通に用いられる，衆貴両院共通の公的な表現であった）。「大体ニ付」とは，「全般にわたる」という意味と「大まかな」という意味を併せ持つものであって，「大体の質疑応答」とは，議案全体の中から議員各自が疑問点をピックアップして大まかな質疑を行い，国務大臣政府委員等がそれに答えるということである。「議員ハ議案ニ対シ疑義アルトキハ国務大臣政府委員又ハ発議者ニ説明ヲ求ムルコトヲ得」（旧衆規93②）は，逐条審議を中心に置く読会制度にあってはあくまでも周縁的な規定であった訳である。

ⅱ　規定の成り立ちの特異性

　この規定を周縁的なものと位置付けるのは上記の理由だけではない。ここには，この規定の成り立ちの特異性がある。政府の衆貴各議院規則成案には，そもそもこの規定は存在しなかったのである。不存在であった理由は後述するが，一言で言えば，超然主義の審議システムの故である。

　衆議院では，衆議院規則の議決に際し，弥生倶楽部（民党：自由党），大成会（吏党），議員集会所（民党：立憲改進党）の三派による協議を踏ま

第1章　先例による帝国議会の制度化（前史）

え，多数を占める民党の主導によって，衆議院規則成案に，この「大体の質疑応答」規定を追加挿入した。クサビのように打ち込まれたこの規定が，後の変革を決定的に方向付けることになった。やがて，「大体の質疑応答」の全部化によって読会制度は実質的に解体されてしまうのであって，まさに，民党側の感性と突破力が藩閥政府の入念な構想を凌駕した瞬間であった。

　この挿入と関連して，衆議院は，同成案中の「国務大臣政府委員及委員長又ハ報告者ハ議席ニ於テ発言ス」という規定を採らず，国務大臣政府委員も，議員（当然「委員長又ハ報告者」を含む）と同じく，演壇での発言の一般原則が適用されることになった（旧衆規110）。この他，衆議院が同成案に追加したものに，文書質問（旧議48-50）に対する文書答弁につき，国務大臣に出席を求め質問することを可能にした規定がある[6]（旧衆規146）。この規定もまた後に，「大体の質疑応答」による変革と絡み合いながら，先例によって，（文書質問提出議員の）口頭質問へと変貌を遂げることとなる。

(2)　貴族院の場合

i　先例を根拠とした「大体の質疑応答」

　貴族院規則（旧貴規73）が，「大体の質疑応答」規定（旧衆93②）を持たなかったのは，政府提出の法案にいきなり疑念を呈することに対する協賛機関としての慎み，政府の藩屏としての慎みの故であろう。ただし，

　6　「大体の質疑応答」に関する規定，質問に関する規定の挿入にとどまらず，成案に対しては議員の視点から，全体に大小様々な手直しが及んでいる。ここでは規定の挿入とは逆に，衆貴各議院規則成案から丸ごと削除された条文を例示しておく。

・「表決ノ際議場ニ現在スル議員ハ表決ニ加ハラサルコトヲ得ス」（各成案5章41条）
・「議員ハ歳出予算案ニ対シ費額ヲ増加スルノ動議ヲ提出スルコトヲ得ス」（各成案5章53条）
・「議員ハ議長ト談話スル為ニ其ノ席ニ近クコトヲ得ス」（各成案10章10条）
・「婦人ハ傍聴ヲ許サス」（各成案11章8条）

第2節　明治議院規則の議決

貴族院においても，政府の貴族院規則成案を審査考定した各部協議委員において，同一箇所への，衆議院規則と同趣旨の「議員ハ質疑ヲ為スコトヲ得ルモ討論ヲ為スコトヲ得ス」という規定の追加が検討されている。

衆貴両院共通のテーマとなったのは，両院の議員合同の下打合せ会が開かれたためである（赤坂2002：83, 84）。貴族院も，この下打合せ会の協議を踏まえて貴族院規則を議決しており，衆議院規則と概ね同様のものになっている。相違点の特徴は，主に，貴族院固有の存在意義に関わるものとして，貴族院規則成案の範囲に留めたものにある。以上により，衆議院が成案中から削除した「国務大臣政府委員及委員長又ハ報告者ハ議席ニ於テ発言ス」と同じ規定（5章25条）を，「国務大臣政府委員ハ其ノ席ニ於テ起立シテ発言スヘシ」（旧貴規旧86）とした。「委員長又ハ報告者」のみ，衆議院と同様，演壇発言の一般原則（旧貴規90）の適用を受けることにしたのである。また，衆議院規則と異なり，(1)ⅱで取り上げた質問についても規定しなかった。

そして，1回議会早々，同院の政府提出弁護士法案の第一読会において，大体の質疑ができるか否かが大きな問題となる。議長（伊藤博文）はできないと整理するが，この問題は収拾しなかった。次の，政府提出度量衡法案の第一読会においても再度問題となり，「貴族院規則全部修正委員」設置の直接の契機となった。この全部修正（全部改正）は，上下関係が明確な議員の席次（旧貴規旧4）をめぐる対立が主題となって，結局，貴族院成立規則（明23/1890勅令220号）と既存の貴族院規則（成立以外の部分：開会冒頭議決）との合体にとどまり，第一読会冒頭の議案朗読，趣旨弁明に続く，「大体の質疑応答」の是非は表面から消えた[7]。その後，「第2回議会明治24年12月12日保安条例廃止法案（衆議院提出）第一読会に於て，政府委員白根専一君は本案に反対の意見を述べたるに対し，安藤則命君の質疑を許したり。爾来議案の大体に就ては，第一読会に於ても質疑を為し得るの例」（大5版貴先131説明文）となった次第である。

7　以上について，1回貴議事速記録1～3号，38号参照。貴族院の席次について小林2015：47-50も参照。

19

第1章　先例による帝国議会の制度化（前史）

ⅱ　先例による衆議院との同質化の流れ

ここで，先例による貴族院の審議の衆議院との同質化傾向を大きな流れとして，前もって示しておく。衆議院規則と同じルーツを持つ貴議院規則は，貴族院に固有の規定を除き，既に述べたような若干の相違点があっても，その運用はほとんど衆議院と同様となっていく。そうなった要因は，貴族院においても同爵団体を母体とする会派[8]が，やがて「各派交渉会」に集って，貴族院の運営を担うようになったことにもあろうが，究極の要因は，政府という両議院共通の相手が存在したことそのものにある。貴族院の先例録・委員会先例録の各版を俯瞰すれば（白井2017参照），衆議院の先例と同様の先例が，政府を媒体として，貴族院においても少なからず生成したことが読み取れよう。貴族院は，付かず離れず，貴族院や貴族院議員のアイデンティティーを毀損しない範囲で，こうした先例の形成を積極的に行っていったのである[9]。もちろんそのことが政党政治とのストレートな順接を意味する訳ではない。しかし，貴族院の会派が疑似政党的とも言い得るほどの影響力を保持する上で，また，肯定的にであれ，否定的にであれ，貴族院議員が政府や政党と積極的な関わりを持つ上で，こうした先例の形成が重要な基盤となったことは間違いないであろう。更に言えば，この衆貴両院の同質性が，帝国議会から国会への転換と継承の在り方やその後にも大きな影響をもたらしたことも間違いないであろう。

8　明治44/1911年27回閉会後に，貴族院の各派交渉会が自ら「今後各派と交渉しなければならない場合には，各派交渉会を開いて協議することとし，同時に」規約を定めて同会の構成要件を明記・公定したのは，27回議会における政党会派と政府との関係の画期的な変化（3章1節(2)参照）への対応でもあろう。なお，貴族院の会派と各派交渉会について，木村1993参照。また，貴族院の会派について，内藤2008，小林2015参照。

9　衆議院と同様の審議システム（2章1節の先例による変革のフェーズ1）の形成を確認できる。ただし，委員の各派比例配分は明確ではない（なお，各派の申出による議長指名は59回議会以降：昭14版貴先60号）。3章1節の変革のフェーズ2も同様である。

第3節　明治議院規則を読む

前節で明らかにしたことも踏まえ，本節では，明治議院規則が規定した帝国議会の審議システムの本質——自立的・自足的な議員同士の討議のプロセス——を読み解いていく。既に述べたように，明治議院規則中「読会」の節だけではなく，それに続く「討論」の節，更には，第一読会のプロセスとして規定された「委員」の審査，以上の一体的な考察によって初めて理解し得るものである。

(1)　衆議院先例彙纂・委員会先例彙纂の改訂から：1

i　明治35年版・衆議院先例彙纂草案と委員会先例彙纂草案

本論に入る前に，1回議会以来，衆議院事務局がその責任において編纂してきた，衆議院先例彙纂の動きを押さえておこう。このことは，本論とも深く関連することである。衆議院先例彙纂は初版（明24年版）以来，質疑応答の在り方について沈黙してきたが（議院規則に忠実であろうとしたため），16回議会までの先例を集録した明治35/1902年版・衆議院先例彙纂草案に至り初めて，質疑応答に関する先例を正面から（遡及して）取り上げた（11章（議事）4節（読会）中及び同章5節（討論）中2款（質疑））[10]。下記明治35年版冒頭の例言（凡例）がターゲットとしたものに，質疑応答の在り方に関するものが含まれることは明白であろう。

> 一　従来本院事務局に於て刊行したる本院先例彙纂は，先例として遵由すべき事例のみ掲載するを旨としたるも，<u>本編は第1回議会以来議</u>

10・「質疑は，発議者動議者の趣旨弁明なると，反対賛成両者の弁論なるとを問はず……許可するを例とする……」（明35版衆先175説明文）。下記176，177号とともに，自由で臨機応変の質疑応答を許すのが原則であることを示している。
　・「質疑は演壇に於て之を為すことあり」（明35版衆先176）。
　・「質疑は討論終局するときは之を為すを得ず」（同年版衆先177）。本先例は，自由な質疑応答の限界が討論終局のみであることを示すものである。

第1章　先例による帝国議会の制度化（前史）

　　　場其の他に於て起りたる総ての事例を網羅し，其違例たると否とを
　　　問はず細大漏さず輯録す。
　一　1個の事例にして其の処置区々に亘れるもの尠しとせず。而して之
　　　を一定するには，一に議長の決裁に俟つべきものあり，或は院議を
　　　以て決定すべきものあるが故に，暫く本編を草案として印刷に付し，
　　　其の決定を俟て更に校訂を加えんとす。

　明治議院規則（正則）の強い拘束の中にある質疑応答の曖昧な位置付
けと，正則を侵しつつある違例としての質疑応答をめぐる変化の進行の
存在，この双方を如実に示すものであるが，同時に，「草案」という位
置づけからは，衆議院事務局として，先例彙纂を規範の体系として何と
かまとめて行こう——正則と違例の整合を何とか図っていこう——という
意思を読み取ることができよう。背景に，先例領域の決定的な拡大があ
ることは間違いのないことであるし，欧州諸国議会の議事典礼を引用し
つつも，初版の先例彙纂がまとっていた評論者的，裁定者的な姿勢（ⅱ
参照）への回帰を目指した訳ではないことも，また，間違いのないこと
である。

　なお，明治34年版・増訂衆議院先例彙纂は，先に取り上げた明治35
年版に先行して「第1回議会乃至第15回議会の先例にして其の正則な
ると違例なるとを問わず細大漏さず彙集し加うるに外国の先例を対照編
纂すべき訓令を受け……其の完成を期」したものであるが，この編集方
針を含む，議事課長から訓令を発した書記官長への報告書が巻末に付さ
れており，内部資料色が強いので，本論では，衆議院事務局名義の明治
35年版を取り上げた。

　また，明治34年版において初めて（先例彙纂の一部として）編纂された
委員会先例彙纂は，明治35年版以降，独立して編纂されるようになっ
た。変革の過程にある委員会の統一的運営に資するものとして編纂され
るようになったのであろう。逐条審議を解体する，「委員」の審査から
「委員会」の審査への変化という，パラダイム・シフトが起こっていた
のである。

　一方，貴族院においては，明治39年，貴族院委員会先例録（初版：1

22

第3節　明治議院規則を読む

～21回議会），貴族院先例録（初版：1～22回議会）が相次いで刊行された。
貴族院においても，本会議，委員会ともに，衆議院と同様の変化が進行
していたのである。

ii　明治35年版・衆議院先例彙纂草案に至るまでの過程

　以下，衆議院先例彙纂につき，明治34年版，35年版に至るまでの経
過も簡単に辿っておく。1回議会の先例をまとめた明治24年版（初版）
先例彙纂冒頭の，衆議院事務局名義による「例言」は下記のとおりであ
る。

一　本篇編成の主意は，我衆議院の議事處務に関する先例を彙集して，
　以って事を決するの参考に資し，併せて事務の便を謀るに在り。而
　して間々評論を加ふるが如きは，憲法法律若くは本院規則上の疑義
　に就き，覧者の注意を求めんと欲するに因る。
一　欧州諸国議会の設あるや，概ね議事處務の典礼を類編して以って看
　覧に便す。其の書該悉詳具議会内部の組織より以て諸般の例則に至
　るまで，其の委曲一覧して知悉すべし。本篇敢て之に倣うと曰はず。
　然れども続集継編以て数年を積まば，則我帝国議会の典礼亦庶幾く
　は，具戴して遺さざるに至らん云爾。

　上記「例言」のとおり，明治24年版は，欧州諸国議会の議事典礼を
も判断基準とし，予算案の審議その他，1回議会の運営全般を対象とし
て，その憲法，議院法，衆議院規則上の疑義について評価を加えるとこ
ろがあった。このことについては当然に，民党側から強い批判があった
（木村1992）。民党優位の議会運営の中で，言わば，臨時帝国議会事務
局的で超然としたその立ち位置が批判の対象となったのである。この批
判もあってか，この後，6回議会までの各回次の追加版（第一～第五）は，
評論を排し，一定の結論（議長の決定や院議による決定）に至るまでの経緯
を，議長や議員の発言の具体的な提示によって明らかにする冗長なもの
となっている。その後，明治32年版までの計5版は，下記のように編
纂された（明治32年版の「例言」）。

23

第1章　先例による帝国議会の制度化（前史）

　一　本書は我衆議院の議事處務に関する先例を彙集し，以って事を決する参考に資す。
　一　第1回議会乃至第13回議会の慣例を合纂し且本文の要旨を標記し，以って覧閲に便する。

(2)　広義の討論として規定された本会議の審議

i　質疑応答に関する曖昧な規定
　　——「自他を問わない質疑応答の連鎖」の許容

「討論」の節では，冒頭，討論（賛否の表明。以下 i において同じ）につき通告がある者について規定し（旧衆規104, 105，旧貴規83, 84），続いて，通告のない者について規定しているが（旧衆規106-108，旧貴規85-87），ここでは規則が「通告スルコトヲ得」（旧衆規104，旧貴規83）としていることに注意を要する。これは，討論は事前に通告をしてもその場で発言を求めてもどちらでも良いが，通告がある者を優先するということを規定したものであり，反対／賛成の交互発言（旧衆規105，旧貴規84）を確保するために必要なものでもあった。

　一方，賛否の表明と不可分のものとして当然にあるはずの質疑については，明確に規定するところがないが，討論に関する規定との対比から，質疑は本来事前の通告の対象外のものであったことが分かる。つまりそれは，その場で議長の許可を得て（旧衆規107，旧貴規86）適宜行われるものであり，また，演壇での発言という原則からはずれる，自席からの発言（旧衆規110，旧貴規90）を中心として行われるものでもあった（注10，摘録3−1〜4）。

　質疑応答は，討論と異なり，明確な規定がない故に，逆に，一つの質疑応答が別の新たな質疑応答を呼ぶ，「自他を問わない質疑応答の連鎖」が可能なものとされていたと言い得るのである。初期議会[11]の議事速記

11　注1中の「第一期」を特に念頭に置く。ちなみに，「初期議会」とはもともと最初の議会を称し，以下「第二期議会」と称したが，「衆議院解散の結果として議員の更新を為したる為め，将来は議会の回数を追い第何回議会（何々

24

第3節　明治議院規則を読む

録を眺めればそのことは容易に確認できるが，こうした「自他を問わない質疑応答の連鎖」の存在を曖昧，かつ，間接的に明らかにしていたのが，発言回数1回の原則から質疑応答を除外する規定である（旧衆規113但，旧貴規94但）。この質疑応答の連鎖は，直接本会議の議題となる決議案や動議についての質疑応答は別として，本来，「委員」の審査を経た後の本会議（予算案審議の本会議／法案等の第一読会（続会））以降，特に第二読会の逐条審議を想定したものであった。逐条審議とは，条文毎あるいは関連する条文毎に「自他を問わない質疑応答の連鎖」によって意思決定を行うということである。そのことを，これまた曖昧に明らかにしていたのが，質疑の相手方，つまり立場上応答者となる者の発言を複数回可能とした「① 委員長又ハ報告者ハ其ノ報告ノ趣旨ヲ弁明スル為ニ数回ノ発言ヲ為スコトヲ得 ② 国務大臣政府委員発議者及動議者ハ議案又ハ発議動議ノ趣旨ヲ弁明スル為ニ数回ノ発言ヲ為スコトヲ得」という，質疑の応答者に関する規定である（旧衆規114，旧貴規95。ii参照）。

　また，先例（注10，摘録3－1～4）からは，討論が「自他を問わない質疑応答の連鎖」の対象となることが通則であったことが分かる。複数回の質疑応答を可能とする規定（旧衆規113但書，旧貴規94但書）がもたらす「自他を問わない質疑応答の連鎖」は，上記旧衆規114条，旧貴規95条が規定する者との間だけではなく，それ以外の議員間の質疑応答（討論者との質疑応答，延いては質疑者との質疑応答）の連鎖の蓋然性に当然に及ぶということである。つまりそこでは，質疑と討論の分離が当たり前になっている現在の感覚によっても理解が可能なもの——第一読会の大体の質疑（対政府，対衆法発議者），第一読会（続会）の審議（対委員長等，対政府，対衆法発議者），第二読会の逐条審議（対委員長等，対政府，対衆法発議者，対修正案提出者）——だけではなく，第一読会（続会）の大体の

会）と称することと」なった（明25版衆先追加第二／9頁）。国会については，昭22.5.19の各派交渉会において，翌日召集の国会を第1回国会と呼び，常会，臨時会，特別会を問わず，会期ごとに順次，第何回国会と呼ぶことを決定した（衆先1号）。なお，衆議院事務局所蔵の各派交渉会記録によれば，同日の各派交渉会においては，第93回国会とする方が良いという意見が議員の一部にあった。転換と継承の間にある議員の感覚の幅を示すものである。

25

第1章　先例による帝国議会の制度化（前史）

討論，第二読会の逐条審議における討論，第三読会の全体についての討論が，それぞれ「自他を問わない質疑応答の連鎖」の対象となる。審議過程を通観すれば，「自他を問わない質疑応答の連鎖」が，趣旨の弁明，「委員」の審査の報告，討論に，非固定的・機動的に付帯する，当然のものとして組み込まれていたのである。

ⅱ　広義の討論として規定されたことの意味

上記ⅰは，それぞれが自分の考えを述べ合い議論するという本来の意味の討論——広義の討論——に他ならないのであって，まさに，議員同士の議論であり，説得である。何故，議院規則は本会議の審議を広義の討論として規定したのであろうか。前号で述べたとおり質疑の応答者について，国務大臣政府委員よりも委員長等を先行して規定していること（旧衆規114①②，旧貴規95①②），更にはこのこととも関連するが，本会議の質疑応答の場に，国務大臣政府委員の出席が義務付けられていた訳ではないということに注目しなければならない。帝国憲法54条［国務大臣及政府委員ハ何時タリトモ各議院ニ出席シ及発言スルコトヲ得］及び議院法42条［国務大臣及政府委員ノ発言ハ何時タリトモ之ヲ許スヘシ……］を，そして，同43条［議院ニ於テ議案ヲ委員ニ付シタルトキハ国務大臣及政府委員ハ何時タリトモ委員会ニ出席シ意見ヲ述フルコトヲ得］に加うるに，同44条［委員会ハ議長ヲ経由シテ政府委員ノ説明ヲ求ムルコトヲ得］を踏まえれば，本会議においては，議員と国務大臣政府委員との質疑応答を明確にすることは，上位法との整合性を損なうものであり，本来，存在し得るものではなかったのである。上記の質疑の応答者に関する規定中「国務大臣政府委員発議者及動議者ハ議案又ハ発議動議ノ趣旨ヲ弁明スル為ニ数回ノ発言ヲ為スコトヲ得」（旧衆規114②，旧貴規95②）の下線部「国務大臣政府委員」が，そもそも政府の各議院規則成案に存在せず，各議院規則の議決時にそれぞれ付加されたものであることはそのことを如実に物語っている。この付加も衆議院規則にあってはもちろん，民党の主導による第一読会の「大体の質疑応答」規定の挿入とセットで理解されるべきものである（2節参照）。

超然とした政府の存在を前提とする立法協賛機関に相応しいものは，議員同士の議論（広義の討論）であった。衆貴各議院規則がそれぞれ規定した帝国議会の審議システムは，議員同士の議論による自立的・自足的なものとして構成されていたのである。これが，議員同士の議論に当然付随する，非固定的・機動的な「自他を問わない質疑応答の連鎖」を曖昧に規定した所以であり，本会議の審議を広義の討論として規定した所以である。先例彙纂が途中まで質疑応答について沈黙していたのもその故である（(1) i 参照）。

　議員同士の議論による自立的・自足的な審議システムとは，非公開の委員会における政府委員を交えた委員同士の「討議」と本会議の逐条審議の連関による，議院の意思決定のプロセスに他ならない。このことを(4)以降で明らかにする。

　いずれにせよ，政府の各議院規則成案がそれぞれ規定した，「委員」の審査に入る前の単なるニュートラルな前段——第一読会の議案の朗読・提案説明の場——に，大体の質疑というクサビを打ち込み，国務大臣政府委員の応答をほとんど自動的に引き込んだ，民党側の主導は，立法協賛機関に相応しいものとして藩閥政府が範示した，明治議院規則の審議システムに大きな亀裂を入れるものであった。この亀裂によって，審議システムそのものの内面が全く別のものに作り変えられていくのである。

(3)　議席，演壇，大臣席の機能とその変化

　議場の構造は，帝国憲法体制の歴史的表象でもあり[12]，日本国憲法体制の表象でもある。少し寄り道をし，議場の構造の主要な要素である，議席，演壇（発言席），大臣席（ひな壇）の機能とその変化を，前号までを踏まえて整理しておく。貴族院の議場が，開院式・閉院式の場であり，また，その議席が最後まで宮中席次との関係性を手放せなかったように，

12　奈良岡 2015，赤坂 2018. 6 参照。

第1章　先例による帝国議会の制度化（前史）

貴衆両議院の議場には根本的な差異も存在するが，現在に直接繋がるものとして，衆議院を中心にまとめる。

前節(2) i で触れたように，貴族院規則の旧規定（旧86）は，国務大臣政府委員について，「其ノ席ニ於テ起立シテ発言スヘシ」と規定した。政府の貴族院規則成案（5章25条）から「委員長又ハ報告者」を抜いた上での踏襲であるが，本会議の審議に，国務大臣政府委員は超然とした立場で臨んでいることを，この旧規定は示すものである。衆議院規則がこの規定を置かず，国務大臣政府委員も，議員の発言と同様，演壇での発言が原則（旧衆規110）となったことは前節(1) ii で述べた。貴族院においても国務大臣政府委員は，聴こえ難さ等の故，早々に「其ノ席ニ於テ起立シテ発言」することを止め，演壇で発言するようになったが，大正貴族院規則において，先例のとおり，演壇での発言が規定されるに至る（旧貴規91）。

上下の関係を表すものとして大臣席は，演壇の両脇，つまり，議席よりも高い位置に置かれたが（政府委員席は大臣席の奥），本章のここまでの分析から，帝国議会の開設に当たり政府が用意した議場の演壇は，国務大臣政府委員の発言の場ではなく，もともとは，議員間の議論を想定したものであることを推認できる。通告のある討論以外の議員の発言（とりわけ委員長の審査報告や討論に対する質疑）は，前述したように，演壇での発言の原則からはずれる事前通告のない発言，自席での発言として行われるものであった（「自他を問わない質疑応答の連鎖」を臨機応変に行うには，事前通告のない発言，自席での発言が普通となることは容易に理解できよう）。ただし，聴こえ難さ等の故に，これも早々に多くが演壇で行われるものとなった（旧衆規111，旧貴規92）。先例は，そのことを明らかにしている（注10，摘録3－3）。

議院規則の議決時に，国務大臣政府委員を質疑応答の揺るぎない相手として明記（特に旧衆規93②の「大体の質疑応答」，旧衆規114②・旧貴規95②）した帝国議会の変革の詳細は後述するが，議席の抽選制を改め（2章注9），政党会派が，政党会派毎の区画に基づいて所属議員の議席を事実上指定できるようになったことで，議席は，政党会派の大小，与野

28

党の別，所属の議員，更には，当選回数や党幹部の位置を目安として，政党会派内の序列をも表すものともなった。一方，国務大臣との「大体の質疑応答」が主となり，また，その質疑の通告を政党会派がすべて事前にするようになったことで，質疑は無条件に演壇で行われるものとなり，演壇は，政党会派と政府の関係を象徴する場となった。その後，国務大臣の演説に対する質疑の対象が全大臣に及ぶようになって，大臣席（ひな壇）と議席の関係もまた，内閣全体と政党会派の関係を象徴するものとなった。以上のように議場は，当初の構想を遥かに超えて次第に形成された，政党会派それぞれと政府の関係性，政党会派間の関係性，政党会派内の関係性を色濃く表象するものとなったのである。

　本書は，先例による審議システム・政党会派と政府の関係・政党会派内の関係，以上のトライアングルを「質疑応答の構造」として捉えるが，二度目の火災後の3次仮議事堂（大14/1925竣工・51回議会供用開始）を経て，現在の議場（大正9/1920現議事堂起工，昭11/1936竣工・70回議会供用開始）は，「質疑応答の構造」を重厚に表現したものとなった。議場の構造もまた，「質疑応答の構造」と同様に強固な訳である。スケール感も含め，三代にわたる仮議事堂時代の議場と現在の議場を正確に対比して実感することは困難であるが，この間に，議席，演壇，大臣席が表象する帝国議会そのもの，更には帝国憲法体制の実相に大きな変化があったことは間違いがない。また，日本国憲法体制とこの帝国憲法体制の実相との意外な構造的連続性も，議場の構造は語りかけていると筆者は考える。

(4)　委員の「討議」——「自他を問わない質疑応答の連鎖」の自由

　本会議の「討論」の節と異なり，両議院規則ともに3章（委員）1節（通則）中，委員の発言については，「委員ハ委員会ニ於テ同一事件ニ付キ幾回タリトモ発言スルコトヲ得」（旧衆規28，旧貴規17）との規定があるのみである。この規定は，少人数の委員によって構成される委員会にあっては，事前の通告を要しない自由，自席からの自由に加え，回数制

29

第1章　先例による帝国議会の制度化（前史）

限のない自由，つまり「自他を問わない発言の連鎖」によって，本会議よりも格段に自由度の高い議論が交わされ，意思決定が行われることを保証したものである。本会議の質疑応答と同様，初期議会の委員速記録を眺めればこのことは容易に確認できる。これと同じ節にそれぞれ，「委員長自ラ討議ニ與カラムトスルトキハ委員中ヨリ代理者ヲ指名シ委員長席ニ著カシムヘシ」（旧衆規31），「委員長ハ討議スルノ権ヲ妨ケラルルコトナシ」（旧貴規20②）との規定があるが，このような委員の自由な議論による意思決定そのものを，間接的に「討議」と理解し，表現していたのである。

　委員の「討議」は，委員同士の発言にとどまらない。議院法44条［委員会ハ議長ヲ経由シテ政府委員ノ説明ヲ求ムルコトヲ得］とも相まって，そこでは，政府委員も交えた委員間の質疑応答の活発で精細な連鎖を想定したのである。政府委員という名称そのものが，文字どおり，政府の委員という意味合いを表したのであって，議院法45条［国務大臣及政府委員ハ議員タル者ヲ除ク外議院ノ会議ニ於テ表決ノ数ニ預カラス］も，実際には，委員会での政府委員の役割[13]を慮ってのものであろう。以上が，本会議における「自他を問わない質疑応答の連鎖」の許容とはまたレベルと質の異なる「自他を問わない質疑応答の連鎖」の自由の意味であり，委員の「討議」の意味である。

　このことは，政府提出議案だけでなく，先例（摘録3-5）のとおり，議員発議法案の審議においても異なるところはない。議院が，政府提出議案の審議権（修正権を含む）だけではなく，法案提出権（旧憲38後段）を持ち，一定の要件はあっても議員がその発議権を有したことは，協賛機関として特筆に価する（対抗的，かつ，対等の二院制が強力な歯止めとなったことは言うまでもないが）。しかし，議院提出法案については，後議の議院の審議に出席するのが，先議の議院の議員ではなく，政府であることを考慮すれば，政府委員から発議議員への質問もあり得たのである（摘

13　下記の先例も政府委員が果たした役割の一端を示すものであろう。
　　「政府委員に託して起草せしめたる案文を直に修正案とし又は委員の提出案として議題に供したることあり」（大1版衆委先159）

第3節　明治議院規則を読む

録3－5）。法案修正や予算案の査定に関する議論の中で双方向の議論が
あり得るのは，政府提出議案もまた同様である。

　委員の「討議」のより深い意味について，何よりも，本会議の逐条審
議との関係性を問題にしなければならない。委員の「審査」について本
会議の準用規定が存在しないのは，両者が本質的に異なったからに他
ならない。委員の「審査」という用法（旧議28,40等，旧衆規27等，旧貴規
16等）と，本会議の「審議」という用法（法規上は，第二読会の「逐条朗読
シテ之ヲ議決スヘシ」（旧衆規96①，旧貴規76①）を踏まえた「逐条審議」（旧衆
規99,旧貴規78）のみ）の差異はそのことを明確にしたものであった。両
議院規則が，ともに第3章を，「委員会」ではなく「委員」として規定
したこと[14]，そして今となっては理解が困難な「委員」と「委員会」の
使い分けにもそれは現れている（もともとは，定足数（旧議22），傍聴の禁止
（旧議23）のように，場あるいは総体（マス）として捉える場合にのみ「委員会」
という表現が使われた）。やがて，委員の「討議」の解体によって，（本会議
の逐条審議における議論の対象としての）委員の「審査」ではなく，「委員会」
（マス）としての審査結果（議案全体の採決の結果そのもの）こそが問われる
ものとなる。その変革は次章で取り上げるテーマであるが，これにより，

14　(1)　旧議20条①が「各議院ノ委員ハ全院委員常任委員特別委員ノ三類トス」
　　と規定し，同条④が「特別委員ハ一事件ヲ審査スル為ニ議院ノ選挙ヲ以テ特ニ
　　付託ヲ受クルモノトス」としたように，旧議院法，旧議院規則は「委員会」で
　　はなく，「委員」を中心として規定するものであった。特別委員の審査を本会
　　議（第一読会）の過程として規定する旧議院規則（旧衆規94,旧貴規74）を
　　読めばその意味を推量することができよう。
　　(2)　大正貴族院規則には，「委員」から「委員会」に変更した箇所（107条
　　（旧72条）等）があり，変化への対応が見られる。なお，昭30年改正に至
　　るまで，旧国40条が「各議院の委員は，常任委員及び特別委員とする」とし，
　　また，旧国45条が「特別委員は，常任委員会の所管に属しない特定の事件を
　　審査するため，議院において選任し，……」として，ともに「委員会」ではな
　　く「委員」を主体として規定していたように，国会になっても，旧議院法，旧
　　議院規則の規定の影響を残していた。
　　(3)　ちなみに，この影響は国会法制定を主導した衆議院において強く，衆議
　　院が今も，参議院のように「委員会会議録」と言わず「委員会議録」（衆規62,
　　参規56）と言い，「委員会議室」と言わず「委員室」（衆委先33,参委先46）
　　と言うのも，この名残である。

第1章　先例による帝国議会の制度化（前史）

「委員」と「委員会」の使い分け，「審議」と「審査」の使い分けの理由
もほとんど不明になる。次節ではまず，明治議院規則が，委員の討議と
本会議の逐条審議との有機的な関係によって規定した，審議システムの
本質を明らかにする。

(5)　明治議院規則の本質とその行方

i　自立的・自足的な「討議」のプロセス
── 委員の「討議」と本会議審議の有機的連関

　本会議の質疑応答は，「自他を問わない質疑応答の連鎖」による意思
決定を想定するものであったが，政府の衆貴各議院規則成案の段階では，
質疑応答は委員審査後の本会議（法案は第一読会の続会）以降，特に第二
読会の逐条審議において行われるものであって，その相手は，討論者で
あり，議案を審査した委員長その他の報告者（委員）であり，更には修
正動議提出者であった。そして国務大臣政府委員との複数回の質疑応答
を可能とする規定は，(2)ⅱで述べたように，衆貴各議院規則議決の際に
それぞれ付加されたものであった（旧衆規114②，旧貴規95②）。要するに，
本会議の審議は，議員と政府との対峙をもともとは必然とはしていな
かったのである。

　一方，委員会は非公開であって（ⅱ参照），かつ，そこで繰り広げられ
るべき委員の「討議」は，政府委員を交えた自由な「自他を問わない質
疑応答の連鎖」による意思決定を意味するものであった。ここに，本会
議と委員会の関係性が見えてこよう。本会議の逐条審議[15]（条文毎あるい
は関連する条文毎の「自他を問わない質疑応答の連鎖」による意思決定）に委員
長やその他の委員が対応すべきものとして，委員の「討議」が存在し

15　本会議の第二読会（逐条審議）に関しても，下記先例のように「討議」と表
　　現された。「討議」は逐条審議を意味するものとして理解されていたのである。
　　例えば，「第二読会に於て先づ重要の部分に付討議を為したることあり」（明
　　35版衆先167）は，摘録4-2中の「第二読会は逐条討議を為すを通則とする」
　　を前提とする先例である。

たのである。また当然に，委員の「討議」は，本会議の逐条審議（討議）の前提として，逐条によって——条文毎あるいは関連する条文毎の，自由な「自他を問わない質疑応答の連鎖」に基づく意思決定として——行われるものだったのである。予算案については，早期成立のために読会制を採らなかったが（旧議27，40），上記と同様の関係の中で，逐項的な審査，そして，それを踏まえた逐項的な審議が行われるものであった。

　以上，明治議院規則の審議システムは，超然とした政府との関係性を明確にしたもので，その本質は，委員の「討議」と本会議の逐条審議（討議）の有機的連関を踏まえた，議員間の議論を中心とする自立的・自足的な「討議」のプロセスにあったと理解できよう。立法協賛機関としての本分を全うするために，「討議」のプロセスを踏まえた意思決定を一義とすることは当然のことである。このプロセスを，議院の「過半数意思の形成プロセス」と言い換え，「熟議のプロセス」と言い換えても良いであろう。本会議の発言はすべて演壇でなすべしという原則（旧衆規110，旧貴規90）の中で，「質疑は各自の議席より之を為すを通例とする」（摘録3-3）と，もともとは理解されたのも，議員間の議論を中心とする逐条審議——「自他を問わない質疑応答の連鎖」を踏まえた意思決定の積重ね——の機動性を念頭に置いたからに他ならない。しかし，この立法協賛機関としてのあるべき姿は，次章で述べるとおり，直ぐに大きな揺らぎを抱えることとなる。藩閥政府が，衆貴各議院規則成案によって範示した明治立憲政治の審議システムに，「大体の質疑応答」という政府と政党会派の関係性の坩堝を組み込んだ民党側の主導は，決定的に大きな鍵となって行くのである。

ⅱ　委員会の傍聴禁止と「討議」の関係

　議院法23条［常任委員会及特別委員会ハ議員ノ外傍聴ヲ禁ス但シ委員会ノ決議ニ由リ議員ノ傍聴ヲ禁スルコトヲ得］は，上述した「討議」のプロセスの，委員の「討議」の特性（政府委員を交えた自由な「自他を問わない質疑応答の連鎖」による意思決定）と本会議の逐条審議（討議）との有機的関係を踏まえて規定されたものであろう。ここに，委員会の傍聴禁

第 1 章　先例による帝国議会の制度化（前史）

止の積極的な理由を見いだすことは容易である。

　ちなみに，『各派交渉会史料』によれば，27 回議会（明 43/1910. 12. 17）
に衆議院各派協議会は，下記のように議院法 23 条の励行（委員会閉鎖の
件）を決定している。この決定に対し，新聞社の団体である春秋会の会
長箕浦勝人君（報知新聞社長，議員・立憲国民党）から長谷場純孝議長に下
記の異議申入れが行われた。この申入れが異議の根拠として指摘する議
事の傾向についての認識は，「本会議中心主義」によってイメージ化さ
れ，固定化された本会議と委員会の関係ではなく，国会審議の常態とし
ても違和感なく通じるものである。委員会非公開の前提にあった委員
の「討議」の変質を如実に垣間見ることができよう。委員会閉鎖の決定
（それまで慣例的に黙認されてきた新聞記者傍聴の禁止）に至った揉め事が何で
あったかは追わないが，その後の経緯を見れば，異議申入れの根拠が正
鵠を射たものであったことは間違いないであろう[16]。

・委員会閉鎖の件
　　今期議会より議院法 23 条を励行し，委員会は議員，国務大臣及び
　政府委員のほかは傍聴を禁ずることに決す。
・上記決定に対する異議申入れ
　　従来衆議院における議事の傾向を見るに，各種議案に対する質問答
　弁の詳細並びに賛否の意見の大体は委員会において尽くさるるを例と
　し，本会議はむしろ委員会において発表せられたるところを形式的に
　繰り返すに過ぎざるの感あり。されば，議会議事の成り行きを知らん
　とする者が最も委員会の経過に注意しかえって本会議を第二に置くは
　まさに我が国今日の実情なり。ゆえに議院法中委員会を公開せざるの
　条項あるにかかわらず，これまで衆議院がこれを公開して新聞通信記
　者に出入り報道の自由を得さしめたるはこれ我が議会の実情にかんが
　み我が憲法要義たる議事公開の本旨を実にせんがために法文以外に作

16　その後，28 回議会明 44. 12. 20，同各派協議会は，新聞記者の委員会傍聴に
　つき「議長，委員長ニ於テ入場ヲ許可シタル場合ニ於ケル委員会出入規程」を
　定め（『各派交渉会史料』参照），議院法 23 条励行の決定を実質的に修正した。
　傍聴禁止を原則とし，委員長の許可を要件として「報道の任務にあたる者その
　他の者」の傍聴を認める国 52 条 1 項は，こうした背景をもっている。

第3節　明治議院規則を読む

りたる至当の慣例たるを疑わず。

　しかるに今回にわかにこれを閉鎖して新聞通信記者の報道の自由を奪わんとすと聞く。吾人はその意を得るに苦しむ。坊間伝えらるるところの区々の理由は要するに枝葉の論に過ぎずしていまだもって閉鎖の十分なる弁解と認むるを得ず。

　議会の実情今のごときに当たり委員会を閉鎖するは事実において衆議院の議事の大部分を閉鎖するに当たる。吾人はむしろ憲法上の憂いとなす。ただに議院の議事を迅速に正確に国民に伝えんと努力しつつある新聞編集上の不便となるのみならざるなり。しかして議院の議事に注目する国民をしてその精を尽くすあたわず。その実に通ずるあたわず。また各自の推挙したるところの代議士の言動について矮人観場の憾みを懐かしむるは思うにまた閣下の憂いたらざるを得ず。この理由により吾人は委員会閉鎖に対する閣下の御再考を煩わし，公明の裁断を待つものなり。

　右春秋会一致の意見をもって陳述す。　　　　　　明治43年12月27日

ⅲ　全院委員会の傍聴許可とその背景

「各議院ノ委員ハ全院委員常任委員及特別委員ノ三類トス」(旧議20①)と規定されたうちの一つ，全院委員も本来「討議」のプロセスの一環として機能するものと，起草者は想定したはずである。このことは，全院委員会の傍聴に関する議院法起草者の立論が明確に，常任委員会，特別委員会と同様，一般人の傍聴を一切認めないというものであったこと[17]から読み取れるのであるが，更に，明治24年版・衆議院先例彙纂（12章（委員）1節（全院委員）及び同・附録2章（予算案ニ関スル全院委員会））か

---

[17]　『議院法義解』（伊東巳代治）は，議院法枢密院諮詢案23条につき，「委員会は固より院外の人の傍聴を禁ずるものなり。但し，議員は宜しく委員会に対し傍聴の自由を有すべし。議員の傍聴を禁ずるは特別の事情に依り特別の議決を為したるときに限る。全院委員会は議員を挙げて皆委員たり。故に本条禁例の限に置くの要用なし」（大石1991.3：9）とし，傍聴に関する規定がないのは当然のこととしていた。実際には，1回議会以来「全院委員会は常任委員会及特別委員会の如く傍聴を禁ずるの規定なきを以って公開を原則」として運用された（昭17版衆先153, 154）。

35

第1章　先例による帝国議会の制度化（前史）

らは，起草者が全院委員会に込めた予算案本会議審議の実質的代替という期待と，「予算案各款項の質疑を以て終り其の議事に移らんとするに際し，多数を以て［全院］委員会を閉じることに決した」現実との落差をも読み取ることができるであろう。民党側が多数を占める1回議会，議院法23条［常任委員会及特別委員会ハ議員ノ外傍聴ヲ禁ス但シ委員会ノ決議ニ由リ議員ノ傍聴ヲ禁スルコトヲ得］の文面上に全院委員会が存在しないことを理由として，全院委員会はその委員が議員全員であるから当然に非公開という議院法起草者の真意とは真逆の運用が行われることになった。このことは，全院委員会がどのような機能を果たしたかということと密接な関係を有するものであり，「薄幸の全院委員会制度」（大石1991.3）と評されるその行く末を暗示するものでもあったのである。

iv　規定の不存在の転回的な読み替え

「委員」の審査について本会議の準用規定が明治議院規則上にない理由が，自立的・自足的な「討議」のプロセスの中での，両者の機能の本質的な差異にあることを，本節をとおして述べてきたが，全院委員会の傍聴についての議院法23条の解釈と同様，「委員」の審査においても「討議」とは異質な運用が，やがて，議院規則上に規定がないことを逆手に取った「本会議に関する法規に準拠」という転回的な理論づけ（転回的な規範化基準）によって，矛盾なく正統化されることとなった（2章2節(3)ii）。委員会非公開の前提にあった「委員」の討議の変質であり，「大体の質疑応答」の委員会への浸透である。

　次章では，「大体の質疑応答」の委員会への浸透の結果を，「委員」の審査から「委員会」の審査へのパラダイム・シフト，「大体の質疑応答」の全部化による委員会・本会議の同質化として捉え，藩閥政府と衆議院の過半数を占める政友会が融合した，「官民調和体制」の審議システムの創造として捉える。

36

第2章

先例による帝国議会の制度化（一）

第1節　官民調和体制の審議システムの創造
── 先例による変革のフェーズ1

(1)　二つの化学反応とその融合

i　明治議院規則の審議システムと現実の化学反応

変革の契機は，明治議院規則が描いた審議システムの本質と現実の化学反応にある。民党側が多数を占める初期議会において，予算委員会と本会議は，逐項的な予算案査定の場となり，旧憲法67条［憲法上ノ大権ニ基ツケル既定ノ歳出及法律ノ結果ニ由リ又ハ法律上政府ノ義務ニ属スル歳出ハ政府ノ同意ナクシテ帝国議会之ヲ廃除シ又ハ削減スルコトヲ得ス］をめぐる争議が，衆議院と貴族院，衆議院と政府との間で繰り広げられた[1]。

予算案の衆議院先議（旧憲65）を，『憲法義解』は，対等の両院関係の中で唯一の特権（伊藤 1889：111）としているが，先議衆議院の予算委員にのみ審査期間（旧議旧40）[2]が付されたことに鑑みれば，衆議院重視の

1　明24版衆先（全）91-188，明25版衆先追加（第二）2-9，明26版衆先追加（第三）77-133 参照。明治憲法下の予算修正について，夜久 2011：6-19 参照。

2　(1)　昭和2年の改正により，貴族院予算委員の審査期間の新設（2項），各議院予算委員の審査期間延長規定の新設（3項）が行われ，審査期間は両院共通となった。

　　(2)　制定時の衆議院の審査期間は「15日以内ニシテ審査ヲ為スノ余裕十分ナラサリシ為メ……」その起点は「区々ニシテ一定セサリシモ明治39年5月議院法改正ニ依リ『15日』ヲ『21日』ト為シタルヨリ以来ハ全ク」提出当日とする例となった（大1版衆委先112参照）。白井 2013：15，16 も参照。

第 2 章　先例による帝国議会の制度化（一）

建前とは別に，前年度予算の施行（旧憲71）という最終手段に至る前の
関門として，政府の藩屏たる貴族院を置き，衆議院を牽制する意味合い
があったはずである。実際にも，民党の多数という現実の前で，「帝国
議会之ヲ廃除シ又ハ削減スルコト」（旧憲67）には，衆貴両院の意思の
不一致による歯止めが機能したのであるが，更に加えて，法律案につ
き両院の対等性を担保する旧憲法39条［両議院ノ一ニ於テ否決シタル
法律案ハ同会期中ニ於テ再ヒ提出スルコトヲ得ス］が（白井2017：87，88
参照），政府提出法案（歳入法案）の帰趨にもたらす相乗の副作用は，国
政遂行の破綻という劇症以外の何物でもない。これが，政府と政党会
派提携の大きな動機付けとなった（坂野2012：226-236）。第4回議会明治
26/1893年2月10日，「朕は閣臣と議会とに倚り立憲の機関とし，其の
各々権域を慎み和協の道に由り以って朕が大事を輔翼し有終の美を成さ
んことを望む」と「在廷の臣僚及帝国議会の各員に」（明26版衆先追加第
三参照）告げたいわゆる「和協の詔勅」はその道標となった。

ⅱ　「大体の質疑応答」の規定と現実の化学反応

　政治の現実は，早くも2回議会，ほとんど政府委員任せであった議
案の審議への国務大臣の出席という変化をもたらしたが（摘録4-1, 1'），
強調すべき側面は，前章で述べた第一読会における「大体の質疑応答」
の規定──「議員ハ議案ニ対シ疑義アルトキハ国務大臣政府委員又ハ発
議者ニ説明ヲ求ムルコトヲ得」（旧衆規93②）──と現実との化学反応で
ある。

　議院規則上においても実際においても，唯一，議員と政府が，政府提
出法案についてほぼ自動的にしかも初めて対峙する場が第一読会の冒頭
であるが，そこはもともと，付託すべき特別委員選任前の議案の朗読・
提案趣旨の弁明（説明）の場としてのみ想定されたものであった。この
実質的な審議以前のニュートラルな場に，民党側の主導によって打ち
込まれた「大体の質疑応答」こそが，立法協賛機関としての衆議院の
現実が，藩閥政府と民党側との対立にあることを明確にし得たのであ
る。これも既に述べたように，政府の藩屏であるはずの貴族院において

さえ，1回議会，早々と，政府と一線を画する議員が政府に答弁を要求し，この「大体の質疑応答」ができるか否かが大きな問題となったのであって（1章2節(2)ⅰ），この規定（旧衆規93②）が，明治議院規則が描いた立法協賛機関のあるべき姿の痛点になったことは間違いがない。両院とも早々に，第一読会の「大体の質疑応答」が重要な審議の場となり，これを引き金として，国務大臣が進んで本会議に対応するようになった（摘録4-1, 1'）。委員会の場への対応も同様である（摘録4-4）。ここに，「大体の質疑応答」という，政府と政党会派の関係性をめぐる変革の坩堝が誕生した。議員間の議論を基盤とする自立的・自足的な審議システムは，この坩堝の中の化学反応によって，政党会派と政府の関係性に拠った審議システムへと変化を遂げていくのである。

ⅲ　政党会派と政府の関係性の構築と「大体の質疑応答」

　「大体の質疑応答」の拡大は，上記ⅰ，ⅱの化学反応の融合である。つまり，政治の現実との整合が難しい明治議院規則の審議システムと，政治の現実と整合的な「大体の質疑応答」の融合である。融合の深化には，超然とした姿勢からの政府の転換と，民党的なものからの政党会派の脱皮，つまり，政府と政党会派の提携の模索と，それに見合う政党会派内の改良（政党会派の改良）とが深く関わる。逐条による「討議」と異なり，政府との「大体の質疑応答」は，政府と政党会派との提携関係を容易に調整し，表現し得るものなのである。

　政府と政党会派の提携によって，「大体の質疑応答」が拡大し，政党会派の改良が進む。／政党会派の改良によって，「大体の質疑応答」が拡大し，政府と政党会派の提携が進む。／「大体の質疑応答」の拡大によって，政府と政党会派の提携が進み，政党会派の改良が進む。以上と並行して，政府と政党会派の対立関係もまた整理されていく。政府と政党会派の対立関係によって，「大体の質疑応答」が拡大し，政党会派の改良が進む。／政党会派の改良によって，「大体の質疑応答」が拡大し，政府と政党会派の対立関係が明確となる。／「大体の質疑応答」の拡大によって，政府と政党会派の対立関係が明確となり，政党会派の改良が

第2章　先例による帝国議会の制度化 (一)

進む。こうした循環の中で，政党会派間の談合もまた改良が進み，政党会派による運営が制度化されて行く。

このような，相互に作用し，共に深化するトライアングルの形成が，政党内閣の形成と展開をもたらす構造改革の序章となり，骨格となったのである。議会の審議においては，次号以下で述べるように，「大体の質疑応答」の明治議院規則の審議システムへの浸透であり，「大体の質疑応答」の全部化による明治議院規則の審議システムの変革である。そして，最終的には次章で明らかにするように，政党会派 (と政府) による「大体の質疑応答」の分断・囲込みによって，明治議院規則の審議システムとは全く別の審議システムが，明治議院規則の外形を残したまま完成する。

(2) 「大体の質疑応答」による委員会と本会議の同質化
──「討議」のプロセスの解体

ⅰ 「委員」の審査から「委員会」の審査へのパラダイム・シフト

前号で示した関係性のトライアングルの中で，「大体の質疑応答」の拡大による審議システムの変化は次のように整理できる。第一読会における「大体の質疑応答」の拡大に留まらず，「大体の質疑応答」は，その次の審議ステップ，つまり委員の審査に連鎖した。委員会にも，委員と政府との「大体の質疑応答」が浸透し，政府を交えた委員同士の「討議」によって成り立つ逐条審査から，委員と政府との「大体の質疑応答」へと重心が移動する。「討議」は解体され，質疑 (大体の質疑応答) と，質疑終局後の討論 (単なる賛否の表明) に分離して行くのである。

そして，委員会に，委員の「討議」(前章3節(4), (5)ⅰ) とは全く異なる，「大体の質疑応答 → 全体につき意思決定[3]」という大きな枠組みが形成された。政府と政党会派の提携／非提携の関係に適合したのは間違いなく，議案全体を対象とする「大体の質疑応答」である。逐条による「自

3　「全体につき意思決定」(摘録4-8) はやがて「全体につき一括採決」に集約される (摘録5-10)。

第1節　官民調和体制の審議システムの創造

他を問わない質疑応答の連鎖」の自由は，政府と政党会派の提携／非提携の関係にとっては寧ろ障害物である。また，逐条による「自他を問わない質疑応答の連鎖」による細切れの意思決定も，審査の流れを妨げかねない障害物に他ならない。提携／非提携の関係を踏まえた「大体の質疑応答」に適合する意思決定は，同じく提携／非提携の関係を踏まえた「全体につき意思決定」をおいて他にはない。議案全体につき委員会として意思決定を行うという点において，委員会の本会議との同質化，委員会のミニ本会議化と言ってもよいものである。

逐条による審査は，この政府と政党会派の提携／非提携の関係を踏まえた「大体の質疑応答 → 全体につき意思決定」の枠組みの中に組み込まれて埋没した。逐条審査が行われるにしても，言わば条文毎あるいは関連する条文毎の委員の意思決定の束として本会議の逐条審議それぞれの対象となるためではなく，委員会として議案全体についての意思決定に至る単なる前段に変化した。逐条による審査は，審査を効率良く行うための「大体の質疑応答」の変種に過ぎないものになっていったのである。以上のことは，読会制度を採らない予算案についても変わるところはない。

筆者は，こうした包括的な「大体の質疑応答 → 全体につき意思決定」の枠組みへの転換を，「大体の質疑応答」の全部化として捉える。これは，本会議の逐条審議の前提としての「委員」の審査（前章3節）から，ミニ本会議としての「委員会」の審査へのパラダイム・シフトに他ならない。読会制度からの委員会の分離・独立といっても良いであろう。こうした変化を実感として語るものが，「委員会閉鎖の件」（新聞記者の締め出し）に対する異議申し入れである（前章3節(5)ii）。いずれにせよ読会制度は，このパラダイム・シフトによって，委員の「討議」という最も重要な要素を失ったのである（以上につき，摘録4－5〜10, 14〜17）。もちろん，「大体の質疑応答」の全部化には，「大体の質疑応答 → 全体につき意思決定」の枠組みに対応する，同期的・構造的背景の形成があるが，そのことについては後で述べる（次章1節(4)ii）。

41

第2章　先例による帝国議会の制度化 (一)

ⅱ　同質化した委員会と本会議の連動

　上記のことは当然に本会議審議の変革と連動する。委員会の本会議との同質化が，委員の「討議」という土台を壊し，委員の「討議」と逐条審議の「自他を問わない質疑応答の連鎖」の有機的連関を遮断したのである。これにより，委員会審査以降の本会議 (第一読会の続会以降) は，単に，委員長の報告のとおり決するか否かを問う場となった。本会議にも委員会と同様に，「大体の質疑応答 → 全体につき意思決定」という枠組みが形成され，「大体の質疑応答」の全部化が生じたのである。ここでも「大体の質疑応答」の全部化によって，委員会と同様に，討論は質疑応答から切り離され，単なる賛否の表明に転化した。また，形式的に三読会の手続を踏みつつもその実態は，第二読会以降の審議を省略することが当たり前となり (旧議27)，第一読会 (続会) に続き同日のうちに本会議の審議を終えることも当たり前のこととなった (旧衆規95, 101, 旧貴75, 80)。

　「大体の質疑応答」の全部化による，こうした委員会，本会議を通貫する変化は，簡単な法案を対象として始まり，やがて全ての法案に及ぶ普遍的な枠組みとなった。それは，「委員」の審査から「委員会」の審査へのパラダイム・シフト——読会制度のプロセスからの委員会の分離・独立——による読会制度の実質的な解体であり，帝国議会における審議全体の実質的な第一読会化と言い換えてもよいものである。

　本会議審議の概略は次のとおりである (摘録4 - 2 〜 2″, 11〜12‴)。修正案 (委員会修正を含む。以下同じ) のない法案のうち反対のないものは，第一読会 (続会) において委員長報告後，直ちに第二読会を開き議案全体を議題として，第三読会を省略して委員長報告のとおり可決・確定した。反対があるものは，委員長報告，(質疑，討論，) の後，同様に第二読会を開き議案全体を議題とし，委員長報告のとおり決し，更に，第三読会でも，委員長報告のとおり可決・確定した。

　一方，修正案のある法案は，議院規則上の制約によって (旧衆規97, 旧貴規77) 必然的に，第一読会 (続会) ではなく第二読会が実質的な審議 (委員長報告の後の審議) の場となるのであるが，単に実質的な審議の

42

第1節　官民調和体制の審議システムの創造

場がスライドするだけで，委員長の報告のとおり決するか否かが問題で
あることに変わりはない。第二読会は，逐条審議の場ではなく，修正案
条項審議の場となり，更に，議案全体・修正案全体を議題として審議が
行われるようになった。そこでは，（議員提出修正案について趣旨弁明），修
正案・原案につき質疑／討論，修正案採決，原案（修正案可決の場合は修
正部分を除く原案）採決が基本となる。そして，委員会修正の法案は便宜，
委員会可決の法案と同様，ストレートに委員長の報告のとおり決するか
否かの採決が行われるようになった（摘録 5 − 1', 1"）。なお，反対の有無
による第三読会との関係は，可決の場合の第一読会（続会）と第二読会
以降の関係と同様である。

iii　「大体の質疑応答」の全部化の帰結 ——逐条審議の消失

　逐条審議によった事例は 26 回議会が最後となったが，これも採決
の効率性の観点から逐条による採決が選択されたに過ぎない[4]。委員の
「討議」と本会議における逐条審議（討議）の有機的連関の喪失により，
逐条審議は既に，逐条によって採決をするという以上の意味をもたなく
なっていたのである。昭和 11 年版に至り初めて衆議院先例彙纂は，「第
二読会に於ては，逐条審議に依らざるを例とす[5]」を設け（440 号），「第
二読会に於ける審議方法は，第 27 回議会以来逐条審議に依りたること
なく，法律案は全条を一括して議題と為し，委員会報告可決のときは全

4　管見の限り，同議会明 43. 3. 8 関税定率法改正法律案の第二読会が最後であ
　る（衆本速記録 304 頁参照）。同法案については，多くの品目につき委員会の
　修正案と修正案の両方が混在した。

5　(1)　摘録 5 − 1 〜 1"（摘録 4 − 2 〜 2"）によってそのことは既に間接的に明ら
　かにされていた。2 節(3) i も参照）。なお，本文の 440 号説明文のように，第
　二読会が議案全体を議題するようになるのも委員会の変化の反映である（摘録
　4 − 8，5 − 10）。貴族院においても全部を議題として行われるものとなってい
　る（摘録 4 − 17）。
　(2)　昭 11 年版に至っての登載理由は判然としないが，時間の経過を踏まえ
　たというだけではなく，政党内閣瓦解後の議会改革論議と何らかの関係（改革
　論議が立ち入らない領域であることを明らかにする意図）があったのではない
　かと考える。

43

第2章　先例による帝国議会の制度化（一）

条を一括して採決し，委員長報告修正なるとき又は修正案あるときは修正の部分と之を除きたる部分とに分ちて採決するの例となれり」と説明した。これは，（逐条による審議の原則から外れた）事実の継続状態をそのまま規範として説明した特異な先例であって，27回議会に逐条審議の一律の中止を決めたということではない。逐条審議の消失は，27回議会までには，「大体の質疑応答」の全部化による制度変革が一通りの区切りを迎えていたことの帰結に過ぎない。

　読会制度をとらない予算案も，「大体の質疑応答」の拡大に伴う制度変化は同様である。「大体の質疑応答 → 全体につき意思決定」という予算委員会の枠組みによって，本会議にも，「大体の質疑応答 → 全体につき意思決定」の枠組み，つまり，予算委員長の報告のとおり決するか否かという意思決定の枠組みが形成されたのである（摘録4 - 3, 13）。

(3)　「官民調和体制」の審議システム
── 委員会と本会議の同質化による過半数意思の貫徹

　以上は，「大体の質疑応答」の全部化による，委員の「討議」と本会議における逐条審議の有機的連関（逐条による審議システム）の解体の結果であるが，言い換えれば，委員会と本会議の同質化による審議システムへの変革（簡易に過半数の意思が貫徹するシステムへの変革）──議院の「過半数意思の形成プロセス」の解体，「討議」のプロセス（討論と意思決定の有機的な関係）の解体──に他ならない（討論が「大体の質疑応答」終了後の単なる言いっ放しの賛否の表明（狭義の討論）になってしまったのはその結果である）。それは，政府と政党会派の提携／非提携の関係性に基づく審議システムの構築であり，政府と過半数政党の提携による「官民調和体制[6]」の審

　6　「一方で軍部や官僚や貴族院を一つの保守勢力が掌握し，他方で衆議院の恒常的多数を一つの政党が握り，両者が各々の内部の利害を調整しながら，安定的に国政を運営していく体制である。……明治時代にこの『官民調和体制』が確立していたのは，明治38年（1905）の日露戦争後7年間である」（坂野2005：162, 163）。「軍部・官僚閥を束ねる桂太郎と恒常的な過半数政党となった政友会との間で，ほぼ完全な『官民調和体制』が確立したのである」（同176）。

議システムの確立である。「和協の詔勅」（1節(1)ⅰ）の制度的な体現で
あったということもできよう。ここまでを，「先例による変革のフェー
ズ1」とみる。審議システムの変革と，その変革と同期して審議の外に
派生したものとの関係性によって（次章1節(4)ⅱ），「質疑応答の構造」が
半ば完成したのである。官僚閥の桂太郎と政友会の西園寺公望が交互に
政権を担った，この「官民調和体制」が途絶えてもこの審議システムが
途絶えることはない。更なる変革によって，この審議システムは未来に
向けて固定され，「官民調和体制」の永続システムとなるのである。貴
族院も衆議院と同様に，「大体の質疑応答」によって審議システムの変
革が進んだのであるが，その理由は既に述べた（前章2節(2)ⅱ）。

第2節　政党会派による運営の制度化（1）
―― 先例による変革のフェーズ1の過程で

(1)　政党会派を基礎的構成単位とする運営 ―― 過半数意思の貫徹

ⅰ　特別委員の比例配分（摘録4-18～21）
　ここでは視点を変えて，政党会派を基礎的構成単位とする運営の形成，
更には，この基礎的構成単位を土台とする，議長主宰の各派協議会の始
まりとその協議の恒常化がもたらした，政党会派による運営の制度化に
ついて触れる。このことは，帝国議会の制度分析において必ず取り上げ
られることであるが，政党会派間の協議（談合）の改良であることは言
うまでもない（前節(1)ⅲ）。またそれは，「大体の質疑応答」の全部化と
いう変革（委員会と本会議の同質化）と連関するものでもある。既存の制
度分析はこのことを取りこぼしていると考える。
　それはさておき，政党会派を基礎的構成単位とする運営の先駆けと
なったのは，原則として法案毎に設けられる特別委員の各会派比例配分
である。12回議会（明31/1898）以来，日露戦争下の21回議会における
各部通算選挙[7]を例外として，行われるようになったものであるが，こ
れにより，特別委員の会派構成と本会議の会派構成が重なり合うものと

第2章　先例による帝国議会の制度化（一）

なった。選挙によるという原則（旧衆規旧63①）と，議長又は各部の選挙への委任という例外（同②）のもとで，実際の手続は効率性の優先によって，議場での選挙から各部の選挙へと移行し，更に，議長への委任（議長による指名）へと移行し，やがて，この議長による指名から恣意性の疑念を排除し得る「唯一の合理的な配分方法」（川人1992：51）として，各政党会派への比例配分（比例配分に基づく各派の申出を踏まえた議長の指名）が行われるようになったのである。

　議長による指名の恣意性への疑念は，委員会と本会議の同質化の流れを反映するものである。既に述べてきたように，委員会における（委員の）審査が，本会議の逐条審議に対応するものとしてではなく，委員会として法案を可決すべきかどうかを問う場となっていったからこそ，特別委員の会派構成が，政党会派にとってとりわけ敏感な問題として映ずるようになっていったのである。

ii　両院協議会協議委員の選出（摘録4 - 18, 19）

　両院協議会協議委員の選出については，衆議院規則（旧衆規218, 64）により特別委員の選出方法に拠ることとされていたが，実際には特別委員の選出と大きく異なることとなった。特別委員の選出は，既に述べたように，委員会と本会議の同質化の中で，議長の指名による比例配分に向かい，一方，両院協議会協議委員の選出は，過半数政党の出現（15回議会, 立憲政友会, 第4次伊藤内閣）とともに，元の議決との同質化（元の議

　7　(1)　部属の制度（旧議4，旧衆規17，旧貴規5）は，抽選により総議員を9部に分かち，そこで議案討議の準備をさせることで，党派の情弊を避ける狙いがあった（白井2013：5）。特別委員の数は9（部の数）か9の倍数。「各部通算選挙」とは「議院は各部をして連記投票し其の点数を点検せしめ，議院に於て之を合計し最多数を得たる者を以って当選者と為すこと」。なお，「各部選挙」とは，例えば委員数9の場合「各部に於て1名づつの委員を選挙」すること（摘録4 - 18）。
　　　　(2)　各部通算選挙においては，多数派が連携すれば委員を独占することができる。21回議会の各部通算選挙においては，12議会以来の比例配分の慣例を破り，立憲政友会（第1党）と憲政本党（第2党）が連携して委員を独占した。各部通算選挙の特性等については，摘録4 - 20［注］参照。

第 2 節　政党会派による運営の制度化（1）

決の際の賛成会派による協議委員の総取り）に向かい，院議の貫徹が行われることとなった。その手法もまた効率性への指向によって，各部通算選挙[8]（15 回議会），議場での選挙（26 回議会），更には，議長による指名（63 回議会）へと変遷する。委員会と本会議の同質化と，両院協議会協議委員の元の議決との同質化，この一見異質にみえる両者が，審議の始まりから終わりまで，過半数の意思の貫徹という一本の線で繋がっていることは言うまでもないであろう。

iii　常任委員の比例配分（摘録 4 - 22〜25）

　常任委員選任への比例配分の導入は特別委員の導入よりも遅れた。その要因は，党派の弊を避ける意図をもつ議院法の規定により（旧議 20 ③），常任委員の選任を（調整と馴染みやすい）議長の指名に委ねる途がなく，各部での選挙手続から離れることができなかったことにある。各部選挙が続いた後，比例配分が行われるようになっても，特別委員のいわゆる各部通算選挙と同様の手続（旧衆規 45 - 51）によって，帝国議会の終焉に至るまで常任委員は選出され続けたのであるが，そこに比例配分が組み込まれるまでは，非公式な政党会派間の談合によって各部通算選挙の特性も活かされていた訳である。

　川人 1992 は，「『衆議院先例彙編纂』によると，常任委員の各派按分比例の割当が先例となったのは，この第 27 議会からであると記されている。しかしながらすでに見てきたように，按分比例は第 22 議会すでに行われてきており，第 27 議会において政友会の内部で若干の異論があったが，原敬の説得によって按分比例が維持されたということである」と分析している（川人 1992：122-126）。同書は，その背景に政友会議員たちの「第 22 議会からの慣行であった党派別按分比例を破っても」予算委員になりたいという「常任委員熱」があったことを挙げている。また，この「第 22 議会からの慣行であった党派別按分比例」は，第一次西園寺内閣の発足を踏まえた政友会と憲政本党との交渉（政友会の憲政

8　協議委員は常に 10 名（旧議 56 ①参照）であったので，各部選挙が行われることはなかった。

第2章　先例による帝国議会の制度化（一）

本党への配慮）によってもたらされたものであり，27回議会の「若干の異論」と「常任委員熱」の背景には，第10回総選挙（明41/1908. 5. 15）による政友会の過半数確保という変化があったことも明らかにしている。本書では，こうした「常任委員熱」そのものの土台には，「大体の質疑応答」による予算委員会と本会議の同質化，特に，「大体の質疑応答」の場としての予算委員会の重量化があったであろうことを付記しておきたい。なお，この『衆議院先例彙纂』が27回議会からと記したのは，政党会派間の談合による按分ではなく，同議会を始点とする（公式の）各派協議会決定との関係を軸として構成した故である（摘録4-25，次号も参照）。常任委員の割当が初めて各派協議会の協議対象となったことについて，「原敬の説得」が影響したということは考えられるが，「原敬の説得」と先例彙纂の記述に直接の関係があった訳ではない。

(2)　各派協議会の始まりと協議の恒常化

先例による変革の加速と深化には，明治37/1904年21回議会（第1次桂内閣期），議長の下における政党会派間の協議（各派協議会）の始まりという契機がある。ここに，政党会派による運営の橋頭堡が築かれ，政党会派間の協議は談合の域を越える端緒が開かれた。当初は，議会の運営と特に関係のない，特定の事項に関する議長サイドからの各政党会派に対する配慮として単発的に開かれるものであったが，やがて，各派協議会における協議の恒常化と，広範化，濃密化によって，議長の権限行使と政党会派間の協議は，法的，かつ，包括的な接合を果たす。各派協議会は先例創出の実質的な主体となり，政党会派による運営の制度化が進んでいったのである。衆議院事務局に残る『各派交渉会史料』（25回議会以降の史料）によれば，議席の会派区画の協議[9]等，議会召集の事前準

9・(1)　議長権限と政党会派間協議の法的接合の制度的な創造が，日露戦争下の21回議会，立憲政友会（第1党）と憲政本党（第2党）の連携によって行われた，衆議院規則改正（議席の抽選制から議長権限による指定制への変更（旧衆規15, 16））である。下記の先例はこのことを言外に明かしている。このよ

第 2 節　政党会派による運営の制度化 (1)

備のために各派協議会が開かれるのが明治 42/1909 年 26 回議会（第 2 次
桂内閣期）以降であり，事前準備の対象に常任委員の比例配分の協議が
加わったのが，前号で述べたとおり翌年 27 回議会以降であるので，こ
の辺りから，単発的ではない恒常的な協議へと次第に進み，その対象も
議院の運営全般をカバーするものへと次第に進んでいったことは間違い
がない。各派協議会の比重のたかまりはもちろん，「大体の質疑応答」
による審議システムの変革，政党会派内の管理・統制の強化，政党会派
と政府の関係の深化と連動するものである。この法的連関については後
で明らかにする（次章 1 節）。

(3)　衆議院先例彙纂・委員会先例彙纂の改訂から：2

i　逐条審議放棄の規範化（本会議）
—— 通則の消去と違例による置き換え

本節で明らかにした「先例による変革のフェーズ 1」の完結期に相
当する，大正 1/1912 年版・衆議院先例彙纂の特質を明らかにしてお
く。質疑応答の在り方に関する先例の遡求的初出として紹介した明治
35/1902 年版・衆議院先例彙纂草案は，「一　従来本院事務局に於て刊
行したる本院先例彙纂は，先例として遵由すべき事例のみ掲載するを旨

うに，政党会派による運営は議長の権限を媒介して実現していった。各派協議
会の嚆矢もこの衆議院規則改正にあったと思われる（摘録 4 - 26）。
　「議席は第 1 回議会以来抽籤を以って定めたるも，第 21 回議会明治 37 年 12
月 2 日衆議院規則第 15 条を改正し，議席の指定を議長の職権に属せしめてよ
り，議長は議員の議席を会派別に指定し，爾来此の例に依れり」（昭 17 版衆先
11 説明文）
　(2)　『各派交渉会史料』によれば，25 回議会において各派協議会は 5 回（閉
会後 2 回）開かれているが，議席は協議の対象になっていない。26 回から 29
回議会までは，召集前の各派協議会において，議席につき，各会派の区画，会
派からの幹部の位置の事前申出，その他の会派内席順は議長一任（抽選）を決
めている。現在のように「党派内の議席はその党派の便宜によること」，つま
り，会派内の席次をすべて会派から届けることになったのは，30 回議会召集
前（大正 1. 12. 20）の各派協議会以降である。

第2章　先例による帝国議会の制度化（一）

としたるも，本編は第1回議会以来議場其の他に於て起りたる総ての事
例を網羅し，其違例たると否とを問わず細大漏さず輯録す。一　1個の
事例にして其の処置区々に亘れるもの尠しとせず，而して之を一定する
には一に議長の決裁に俟つべきものあり，或は院議を以って決定すべき
ものあるが故に，暫く本編を草案として印刷に付し，其の決定を俟って
更に校訂を加えんと」するものであった（前章3節(1)ⅰ）。

　大正1年版は，この明治35年版・衆議院先例彙纂草案をベースとし
た検討の集大成である。下記大正1年版の，議長の序文等（全文後掲）
からは，実定法規と先例の整合を図ろうとする強い意欲を読み取ること
ができよう。ここでは，質疑応答についても，衆議院規則を主な判断基
準とする通則・通例とその変化（違例）の両方を把握することができる。
例言（凡例）中の「本編中『按ずるに』とあるは事務局の意見を附した
るものに係る」ものの内容は，違例と通則・通例とのバランスの腐心に
他ならない。この「按ずるに」を用いた手法は，同一の議長序文の下で
編纂された次期の改訂，大正4/1915年版が最後となる。議長の序文に
「意見大体に於て穏健にして能く理義を闡明せるものある」と評価され
ているとおり，40箇所を超える「按ずるに……」という事務局の意見
（白井2017：119-124）は，大正9/1920年版においてそのとおりに整理さ
れた。先例の安定的な定着をここに読み取ることができよう。

　その中で，唯一，「按ずるに，第二読会に於ては議案の条項に関して
のみ質疑し，大体の質疑は第一読会に於てすべきものにして，第二読会
に於てするは其の範囲を超出せり，好事例にあらず」（大1版286説明文）
という通則を示した先例は消去され，代わって，逐条審議とは異なる限
定的な条項審議（修正案条項審議）という違例が新たな通則として置き換
えられた（摘録4-2～2"）。前出の先例の安定的定着と理解できるもの
は影響の及ぶ範囲が狭いどちらかというと徹底してテクニカルなもので
ある。一方，通則の置き換えが行われた後者は，委員会と本会議の同質
化によって逐条審議の土台を解体した，読会制度の根幹に関わる変革の
規範化の一端に他ならない。ここに先例改訂の一つの核心を見出すこと
ができるのである。

第2節　政党会派による運営の制度化（1）

ⅱ　逐条審議放棄の規範化（委員会）
——「本会議に関する法規に準拠」という転回的な規範化基準

　大正1年版・衆議院委員会先例彙纂の序文等についてもそのまま後掲する。委員会先例彙纂が独立して編まれるのは明治35年版以降である（前章3節(1) i ）。既に述べてきたような「委員会」の審査へのパラダイム・シフトによって，委員会の統一的な運営規範の整備・構築が図られたのであるが，大正1年版・衆議院委員会先例彙纂では，同年版・衆議院先例彙纂のような，実定規則を判断基準とする「通則」あるいは「通例」とその「違例」との対比は行われていない。「按ずるに」という事務局の意見の付加もない。ただし，「……を例とするも……したることあり」というように先例の選択に幅を持たせている。委員会審査に関する先例生成の柔軟性を物語るものであるが，そうした柔軟性の根拠が「委員に関する法律規則は甚だ尠き」故に，「本会議に関する法規に準拠し便宜処置せるを以って之を規画統一」を図ることにあったこと，またそれが，「大体に於て穏健にして能く委員の権能を行使する規矩準縄となるべきもの」であったことが，書記官長の献呈文と議長の序文から読み取れる。

　先に，委員の審査について本会議の準用規定が明治議院規則上にない理由が，自立的・自足的な「討議」のプロセスの中での，両者の機能の本質的な差異にある旨を指摘したが（前章3節(5)ⅳ），実際には逆に，準用規定が存在しない故に「本会議に関する法規に準拠」するという，後付けの転回的な規範化基準に整合する先例の生成によって，「大体の質疑応答」による，委員会審査と本会議審議との同質化が，相互に影響しあいながら進行していったのである（1節(2)）。貴族院の委員会もまた，「規則の明文なしと雖自ら読会の順序に倣」って（摘録4-14），本会議との同質化が進行していった。「本会議に関する法規に準拠」し，或いは，「読会の順序に倣」い，両院の本会議，委員会のすべてに共通する鍵となったものが，明治議院規則において異質な性格とルーツを持つ「大体の質疑応答」であったこと，そして，「大体の質疑応答」の全部化（「大体の質疑応答→全体につき意思決定」の枠組み）であったことは既に言うまで

第2章　先例による帝国議会の制度化（一）

もないであろう。

大正元年増補　衆議院先例彙纂　全［大1年版］
　衆議院先例彙纂校訂増補成る，今之を閲読するに竿頭一歩の感あるものは事務局の意見を附したるに在り，惟うに議院の先例は時運の進展に伴い時に改定を要するものあるを以って必しも其の適否を予断し将来を拘束するを得ざるは固より言を竢たざるも，其の意見大体にニ於て穏健にして能く理義を闡明せるものあるが故に議院の参考に供し裨補すること鮮少ならざるべし，依って先づ之を印行せしめ以って他日決定の料に資せんとす。
　　　大正元年十二月

　　　　　　　　　　　　　　　　　　　　議長　大岡 育造

　　　第十一回衆議院議員の改選［明45.5］を機とし，我が先例彙纂の根本的校訂を計画し属僚を督し昼夜兼行頃日漸く成る，新事項を増補すること百二十余，苟も先例として見るべきもの之を網羅せざるなし，然るに議会開設以来年を閲すること二十有二，議会を重ねること二十有九，而して議長を迎へること十，随って同一事項にして其の処置区区に亘るものあるのみならず，時に或は全く相反するものあり，是等は事の発生するに当りて議院は更に其の適従する所を決せざるべからざるが故に，小官等乃ち之を法律規則に照し，之を外国の事例に鑑み討究考査を遂げ，敢て卑見を附したり。蓋し我議院の行為に対し之が批判を試みんとするにあらず。一に閣下明断の資に供せんが為めのみ。若し幸に玉斧を賜い，将来疑義を生ずるの余地なきに至らば，小官の光栄之に過ざるなり。茲に恭しく別冊を具し議長閣下の瀏覧を請う。
　　　大正元年十二月十六日

　　　　　　　　　　　　　　　　　衆議院書記官長　林田 龜太郎
　　　衆議院議長　大岡 育造 殿

　　　　　　　　　例　　言
一　本編は曩に刊行したる衆議院先例彙纂を校訂増補し，第1回議会より第29回（臨時）議会に至る先例を輯録す。
一　先例事項は会期に依らず其の処置を同うせるものと否らざるものと

第2節　政党会派による運営の制度化（1）

に区別して之を排列せり。

一　甲章に掲げたる事例乙章に関係あるものは乙章の下に其の章節号数
　　を表示し，又甲号と乙号と関係あるものは交互に関係号数を示明し，
　　以って参看に供す。
一　本編中「按ずるに」とあるは事務局の意見を附したるものに係る。
一　凡そ事例は摘要を掲げ番号を附し捜索に便ず，目次下段の頁数は即
　　ち摘要の頁数なり。
一　勅語，詔勅，奉答，上奏，決議，祝賀，弔慰，覆牒若ハ通牒，謝辞，
　　祝辞，挨拶，諸般の形式に属する文例，資格審査の報告及議院規則
　　の改正，制定等の本文其の他諸表は附録として巻尾に掲載す。
　　　大正元年十二月

　　　　　　　　　　　　　　　　　　　　　　　衆議院事務局

大正元年増補　衆議院委員会先例彙纂　全［大1年版］

　衆議院委員会先例彙纂校訂増補成る，惟うに委員の事務は時運の進展
に伴い漸次増加すと雖，之に関する法規少く，先例に竢つもの甚だ多し
とす。此に類聚せる先例中改善を要するものなきに非ずと雖，大体に於
て穏健にして能く委員の権能を行使する規矩準縄となるべきものあるが
故に之を印行せしめ，委員の参考に供し他日善良なる慣例を作るの資と
為さんとす。
　　　大正元年十二月

　　　　　　　　　　　　　　　　　　　　　　議長　大岡　育造

　第十一回衆議院議員の改選を機とし，我が委員会先例彙纂の改訂を企
画し頃日漸く成る，按ずるに，委員に関する法律規則は甚だ尠きに拘ら
ず，其の事務頗る紛雑錯綜を極め，殊に審査の方法権限及会議の整理等
に関しては拠るべき法規極めて尠きを以って，事項の発生するに当りて
は之を先例に考査し，之を本会議に関する法規に準拠し，便宜処置せる
を以って之を規画統一すること頗る難く，固より同一事項に対して其の
処置区々に渉るを免れず，是を以って曩に委員会の先例を調査し爾来数
回の増補校訂を経，更に此の機を利用して幾多の新例を補充し類別纂集
せり。未だ以って完全のものと謂うべからずと雖，若し夫れ委員の準拠

53

第2章　先例による帝国議会の制度化（一）

すべき善良なる慣例を作り，疑義の発生を事前に防ぎ，諸案の審査を円
滑に処理するの資料たることを得ば，小官の光栄之に過ぎざるなり茲に
別冊を具し議長閣下の瀏覧を請う。
　　　大正元年十二月

　　　　　　　　　　　　　　　　　衆議院書記官長　　林田 龜太郎

　　　衆議院議長　大岡 育造 殿

　　　　　　　例　言
一　本編は曩に刊行したる衆議院先例彙纂（委員会の部）を校訂増補し，
　第1回議会より第29回議会に至る委員会の先例を輯録す。
一　委員会に関する先例の調査は日尚浅きを以って材料の蒐集編纂の排
　列等杜撰脱漏の議を免れずと雖他日之を補遺増訂せんとす。
一　曩に刊行したる先例彙纂に参照として掲載したる欧米諸国に於ける
　法規其の他の事例は，大概数年前の調査に係り，爾来改正変更せら
　れたるもの尠からざるを以って，今回は之を省けり追って調査の上
　更に修補すべし。
一　凡て事例は摘要を巻首に掲げ以って閲覧の便に供す，目次下段の頁
　数は摘要の頁数なり。

第1節　質疑応答の構造

第3章

先例による帝国議会の制度化（二）

第1節　質疑応答の構造 —— 先例による変革のフェーズ2

(1)　国務大臣の演説に対する質疑の制度化

　前章では，「大体の質疑応答」の拡大と全部化，委員会と本会議の同質化という審議システムの変革（逐条による審議システムの解体）を明らかにした。本章では次なる変革を明らかにするが，それはここまでの変革の延長線上にある。つまり，委員会，本会議を貫通する「大体の質疑応答」の全部化による審議システムへの変革を土台とするものである。

　先取りとなるが，大きな転換は，政党会派が質疑者を事前に通告するようになったことにある。これにより，質疑（全部化した大体の質疑）は，議員個人の占有物から半ば離脱して所属政党会派のコントロールの明確な対象となり得た。その効用は，質疑のコントロールという所属政党会派内の問題にとどまらない。質疑応答が中心となる本会議，委員会運営の在り方そのものが，本来，議長や委員長の権限行使の外にある，議員同士，委員同士，政党会派幹部同士の談合の域を脱して，政党会派間の公式協議の対象となる道が開かれ，それが，議長や委員長の権限の行使と接合する道が開かれたのである。各派協議会における協議の拡大とその充実も，まさにこの政党会派による通告という見えざる基盤によってもたらされたことに留意が必要である。

　政党会派による質疑のコントロールは勿論，政府と政党会派の関係性とも深く関わるものなので，前段として，政府と政党会派の関係性の典型的な表出でもあり，「大体の質疑応答」の典型でもある，国務大臣の演説に対する質疑の制度化をまず取り上げる。

55

第 3 章　先例による帝国議会の制度化（二）

　国務大臣の演説そのものは，1 回議会[1]（明 23/1890），衆議院で山縣首相，松方蔵相がそれぞれ行った，施政演説，財政演説が最初であるが，衆議院では早期に定着した。貴族院においても国務大臣の演説は，日清戦争（明 27/1894 〜 28/1895・7 回（臨時）議会，8 回議会），日露戦争（明 37/1904 〜 38/1905・20 回（臨時）議会，21 回議会）という挙国体制の契機もあって，次第に定着した。

　ただし，国務大臣の演説はもともとが「国務大臣及政府委員ハ何時タリトモ各議院ニ出席シ及発言スルコトヲ得」（旧憲 54）による一方的なものであり，質疑応答の明確な対象ではなかった。とりわけ，6 回（特別）議会の衆議院本会議（明 27. 5. 16）において，伊藤首相は「質問には御答申しませぬ，私は敢て諸君と茲に於て紛争を試る積ではない，即ち私の所見を諸君に述べる積で罷出たのでありますから，質問ならば則ち質問の手続を経て御通知に相成りたい」（衆本速記録 1 号 8 頁）と述べ，他の議員に対しても答弁を拒否して退席している[2]。

　それでも，その後の政府と政党会派との関係の変化につれ，衆議院では，国務大臣の演説と演説に対する質疑は一体のものとして定着し（16 回議会明 34/1901，第 1 次桂内閣期以降），更に，26 回議会以降（明 43/1910，第 2 次桂内閣期以降），貴族院でも同様に定着した。総理大臣の施政方針演説等の国務大臣の演説と演説に対する質疑は，衆議院だけではなく，

1　1 回議会，貴族院においては蔵相の演説のみ。演説の始まりとその推移について，東海林ほか 1998 参照。

2　(1)　文書質問手続（旧議 48）への言及は，文書質問への答弁は国務大臣が行うと規定されているため（同 49）。国務大臣の答弁は文書か口頭によって行われるものであった。この言及は，下記(2)のように，後の質問制度と演説に対する質疑の連関的変遷を暗示するものとなった。

　　(2)　文書「質問に対する答弁は多くは文書を以ってし，往々数十日を経過して之を為したることありしも，第 22 回議会よりは，質問提出者は議場に於て質問を為し主管国務大臣より口頭を以って答弁を為すの例」が開かれ，26 回議会には，各派協議会の決議（質問ニ関スル規程）により，火曜日の口頭質問・答弁，曜日に限定されない緊急質問が制度化された（昭 17 版衆先 508 備考）。なお，大正貴族院規則は，衆議院と同様の慣行を踏まえ，それまでなかった質問の節を新設して，口頭質問を可能とする規定そのものを置いた（旧貴規 127）。

第1節　質疑応答の構造

会期の開始を画する両院それぞれに共通の普遍的なワン・パッケージの制度となったのである。そしてここから，衆議院では，演説に対する質疑は，政府と政党会派の関係性を更に明確に表すものへと変貌を遂げる。同時にここから，議案の質疑も同様に，政府と政党会派の関係性を更に明確に表すものへと変貌を遂げ，審議システムの変革は次のフェーズに進むこととなる。

(2)　政党会派による運営の制度化（2）

i　政党会派による通告の始まり —— 27回議会の画期

画期は，前号で既に触れた様に，政党会派による質疑者の事前通告によってもたらされた。「大体の質疑応答」の典型である演説に対する質疑と議案に対する質疑が一律，政党会派による事前通告の対象となったことは，帝国議会の質疑応答がすべて「大体の質疑応答」となっていることの反映である。「大体の質疑応答」の全部化によって初めて，政党会派による制御のシステム化，更には，各派協議会の協議による制御のシステム化が可能になったのである。

発言の通告は質疑に限定されるものではない。討論その他も含め発言の通告のすべてはやがて，議員個人からではなく，所属の政党会派によって提出されるようになった[3]。政党会派による発言の通告は，政党会派内の管理・統制に関わる手続，政党会派の自律に属する手続であって，もっぱら水面下の変革である。ただし，先例彙纂上，速記録上からは，27回議会（明44/1911）に始まったことが強く推認できる。委員会も同じく，予算委員会の質疑者が政党会派によって管理された通告の対象となり，やがて他の委員会も同様の扱いとなった（以上につき，摘録5

3　政党会派による所属議員の管理・統制は，議員の発言に留まるものではない。議員が提出しようとする本会議動議，更には，与党の事前審査や，議員が提出しようとする法案に対する管理・統制手続（いわゆる機関承認手続の原型）も一律に，この辺りから明確なものとなっていった（(4)ii参照，向大野2006も参照）。なお，政党会派による議事進行発言その他緊急動議提出について，摘録5-6〔注3〕参照。

第 3 章　先例による帝国議会の制度化（二）

- 2, 3, 11, 12)。また，帝国議会のオフィシャルな記録と記憶を，『議会制度七十年史』を経由して継承する，同百年史の「帝国議会史」が第27回議会の項で，国務大臣の演説に対する質疑につき，同議会から「通告順[4]によりその質疑を許すこととなった」（衆議院参議院編 B1990：490）と，本来当然と思われることをわざわざ記した意味の実際は，時間に濾過され消え失せているが，議員個々の質疑通告や質疑の要求とは異次元な，政党会派による通告の始まり，つまり，政党会派による質疑者の事前通告によって管理された，制度としての演説に対する質疑の始まりであったと見て間違いない。

ii　政党会派による「大体の質疑応答」の管理・統制と，政党会派による自律的運営の法的連関

　この変革の法的な意義を整理すれば，「大体の質疑応答」の典型である国務大臣の演説に対する質疑と，既に「大体の質疑応答」によって全部化された議案に対する質疑とを，同一範疇のものにしたこと，つまり，質疑応答の本質的な意味を，「自他を問わず連鎖する質疑応答」から，「大体の質疑応答」にそっくり置き換え，再定義したこと，そして，演説に対する質疑，議案に対する質疑，更には，全ての発言等を一律，政党会派の管理・統制のもとに置いたことにある（注3）。このことは，桂首相が行った政友会との情意投合宣言（明 44/1911. 1. 29）とも無縁ではなかったであろう。この政党会派による管理・統制によって，国務大臣の演説に対する質疑も，議案に対する質疑も，政府と政党会派の関係を円滑に反映し得るものとなり，こうした質疑応答をどのように進めるか，本会議をどのように進めるかが，各派協議会の協議対象ともなり，各派協議会の協議自体が，政府と政党会派の関係を明確に反映し得るものとなったのである。ここに，優位に立ち様々な容喙権を持つ政府と一々関わることなく，政府と政党会派の関係を齟齬なく審議に反映し得る，自律的な「政党会派による運営」が定着していくことになった。現憲法の

　4　この「通告順」について，摘録 5 - 4［注］, 4' 参照。

第1節　質疑応答の構造

権力分立作用のように見える，政府が直接関わるところのない，現在の
「政党会派による運営」（政府与党二元体制）のルーツはここにある。

　27回議会以降に生成した質疑応答に関する先例は，政党会派に関す
るものも，政府に関するものも，政党会派による通告（政党会派の管理・
統制）に支えられた，この「政党会派による運営」によって生成したも
のであること，そしてその多くが，議長の権限行使に連結する各派協議
会の決定によるものであることに留意しなければならない（前章2節(2)，
摘録4-26以下）。討論その他の発言，更には議会運営全般についても同
様である。

　こうして，管理された「大体の質疑応答」によって，逐条審議の消
失は不可逆なものとなった。管理された「大体の質疑応答」によって，
「自他を問わない質疑応答の連鎖」の余地は一段と狭まり，やがて，「政
党会派（と政府）による質疑応答の分断・囲込み」に至る。それは，「大
体の質疑応答」に拠った，政府と政党会派それぞれの関係性の純化であ
り，純化による「官民調和体制の審議システム」の固定化，政府と与党
の融合関係の永続化と言い得るものである。これにより，政府と政党会
派それぞれの関係性（融合あるいは対立）に特化した審議システムができ
あがり，「討議」のプロセスを議院の意思決定の基本とする明治議院規
則の審議システムは，いよいよその外形を残すのみとなるのである。

　なお，先例彙纂が，21回議会から各派協議会が開かれていることを
明らかにしたのは大正1年版の「雑」章以降であり（摘録4-26），大正
9年版では同じく「雑章」に，「所属議員数25名未満の党派は交渉団
体と認めず」という先例の根拠として，25名未満の会派には常任委員，
特別委員を割当てない旨の各派協議会の決定が掲載された（摘録4-27）。
そして，大正14年版に至り，「雑章」以外の章の項目中に，（先例の根拠
明示のために遡求して）各派協議会の決定等が登場する[5]。大正14年版以

　5　最初に遡求的明示の対象となったのは文書質問に関する先例である。大14
　　版衆先532［質問ノ趣旨弁明ハ火曜日ニ之ヲ為ス］の備考として，「質問ニ関
　　スル規程」（26回議会明43.2.5，注2(2)参照）がそのまま掲載された。後継
　　先例昭17版衆先508について，注2(2)参照。

第 3 章　先例による帝国議会の制度化（二）

前の版においては，各派協議会は先例創出の主体としては半ば隠れた存在であったということであるが，以後は，各派協議会が先例創出の主体として明示されていくようになり，遡及的な明示のための既存の先例の改定も広がっていった。

(3)　政党会派（と政府）による「大体の質疑応答」の分断・囲込み

i　本　会　議

政党会派による「大体の質疑応答」の管理の下で，やがて，その典型である国務大臣の演説に対する質疑は，質疑事項の全部を一度に述べるべきものへと変化した（40回議会大 7/1918 寺内内閣期，摘録 5 - 5'）。議案の質疑も同様である。これにより質疑は一律自動的に，その他の発言と同様，議員毎に 1 回で完結するものとなり，質疑応答の連鎖を許容する規定（旧衆規 113 但書，貴規 94 但書）は完全にその意味を喪失した。逐条審議の前提である「自他を問わない質疑応答の連鎖」は遮断され（討論あるいは質疑に対する質疑の遮断については摘録 5 - 8', 8'' 参照），逐条審議の消失は不可逆なものとなった。「大体の質疑応答」の包括的な純化が完成し，ここに，「政党会派（と政府）による質疑応答の分断・囲い込み」──「質疑応答の構造」の普遍的な隠れた鍵──が完成したのである。

「政党会派（と政府）による質疑応答の分断・囲込み」は，質疑応答における政党会派と政府とのそれぞれの関係性の抱えこみである。質疑応答の分断・囲込みによる，各政党会派と政府との関係性の明確化をベースとして，原則 1 回となった質疑について，再質疑に関する先例が生成した（44回議会大 10/1922 原内閣期。摘録 5 - 7）。また，国務大臣の演説に対する質疑は，国政の全般にわたり得ることが明確になった（44回議会，摘録 5 - 5'）。これにより，国務大臣の演説及び演説に対する質疑には，制度として全国務大臣が出席すべきものとなり，演説に対する質疑は，今も人口に膾炙するように「代表質疑」と呼ぶに相応しいものとなった。更には，この質疑対象の全大臣への拡張に付随して，政党会派による質疑者の通告は，議員による答弁要求大臣の通告を含むものとなり，国務

第1節　質疑応答の構造

大臣の演説に対する質疑にとどまらず，議員（政党会派）の答弁要求に基づく国務大臣の出席が，例外を含みつつ慣例化した（摘録5-6）。

　このように「先例による変革のフェーズ1」を踏まえ，政党会派（と政府）による「大体の質疑応答」の分断・囲込みによって，政府と政党会派それぞれの関係性に拠った質疑応答への純化が行われ，政府と政党会派それぞれの関係性（融合あるいは対立）に特化した審議システムができあがったのであるが，それはもちろん委員会と一体のものであるので，委員会の質疑応答に触れた後に，次号でそのまとめを行う。

ⅱ　委　員　会

　前章で述べたような委員会と本会議の同質化（「大体の質疑応答」の全部化）の中で，委員会の質疑応答が，本会議の質疑応答の変化と連動して更に変化するのは既に必然である。本会議の逐条審議と有機的に連関するものと位置付けられた委員の討議，つまり，逐条による自由な質疑応答の連鎖は，政党会派（と政府）による「大体の質疑応答」のコントロール，更には，「大体の質疑応答」の分断・囲込み[6]によって遮断され，政党会派と政府のそれぞれの関係性をより明確にするものとなった。本会議と比べた委員会の「大体の質疑応答」の特性は，委員毎（政党会派毎）の一問一答の自由という一点に尽きるものとなったのである。

　こうして，「政党会派（と政府）による質疑応答の分断・囲込み」という縛りの中で，予算委員会（総会）は，国務大臣の演説に対する「代表質疑」を，一問一答によって深掘りする場となり，その格も予算委員会本来の役割とは別の意味で一層高まった[7]。予算案以外の議案審査の場

　6　本来「自他を問わない質疑応答の連鎖」の自由を意味した「委員ハ委員会ニ於テ同一事件ニ付キ幾回タリトモ発言スルコトヲ得」（旧衆規28）は，「大体の質疑応答」仕様となり，最終的には，会派毎の質疑者の割合，順序を定める先例が生成した。同条の意味は，委員毎（政党会派毎）に遮断された「大体の質疑応答」による一問一答の自由に変質したのである（摘録5-9～13″参照）。注9(2)も参照。

　7　予算委員会重量化の前段として前章2節(1)ⅲ参照。予算案審査の実情について，千葉委員の議事進行発言及び堀切委員長の答弁参照（昭4/1929. 1. 25衆

第3章　先例による帝国議会の制度化（二）

となる特別委員会の質疑もまた，議案全体を議題とする中で，委員それ
ぞれ（政党会派それぞれ）がその関心事について一問一答による深掘りを
行う場となった。それが，本会議の，政党会派（と政府）によって囲い
込まれた「大体の質疑応答」とリンクしたものであることは言うまでも
ない。「大体の質疑応答」の分断・囲込みによって，委員会と本会議の
同質化も純化され完結した。「委員」の審査から「委員会」の審査への
パラダイム・シフト（前章1節(2)）の極限がここにはある。これが，変革
を経た後の，予備的審査機関としての姿であり，帝国議会の「委員会中
心主義」の到達点と例え得るものである（注9(3)参照）。

　以上，前章からここまでは，政党会派と政府の協働による，先例を拠
り所とした，明治議院規則の審議システムの内部解体と新たな審議ステ
ムへの置換過程に他ならない。それが，技術的効率性の問題（表面的な
審議の「迅速化・合理化」）を遥かに超えるものであったことは，最早，言
うまでもないであろう。

(4)　先例による変革のフェーズ1・2をとおして

　i　政党会派による審議システムの確立 —— 国会の審議システムの原型
「大体の質疑応答」の全部化によって形成された「官民調和体制の審
議システム」（先例による変革のフェーズ1）に，各派協議会によって議長
権限との法的な順接を遂げた「政党会派による自律的運営」（1節(2)ii）
が組み込まれた。その結果が，政党会派（と政府）による「大体の質疑
応答」の分断・囲込みである。以上のことは，読会制度の手続を形式的
に踏む表層的な一貫性の保持と一体でありながらも，その実相は全く異
なる。「政党会派（と政党）による分断・囲込み」が組み込まれた法案審
議の基本型は下記のようなものである。読会制度によらない予算案の審
議も，分断され囲い込まれた「大体の質疑応答」の典型——政府と政党
会派の関係性の象徴——としての，国務大臣の演説（財政演説を含む）・代

予算委速記録2回2頁）。

第1節　質疑応答の構造

表質疑が前置されていることを踏まえれば，変わるところがない。先例による変革1・2をとおして，議員と政府間の「大体の質疑応答」——民党側の主導により，明治議院規則に周縁的な規定として打ち込まれた一本のクサビ——は，議員間の「討論」のプロセスとして規定された審議システムへの浸透，そして議員と政府間の「大体の質疑応答」の全部化，更には，「政党会派（と政府）によるその分断・囲込み」という過程を経て，読会制度の内奥に，政党会派による審議システムの確立をもたらしたのである。その実相は下記のとおりである。

> 本会議：趣旨の説明，議員毎（政党会派毎）の質疑応答，特別委員付託，
> 《委員会：趣旨の説明，委員毎（政党会派毎）の質疑応答，委員毎（政党
> 会派毎）の討論（賛否の意見表明），可決》，本会議：委員長の審査報告，
> 議員毎（政党会派毎）の討論（賛否の意見表明），委員長報告のとおり可決
> （注：質疑応答はすべて，政党会派（と政府）によって分断され囲い込まれた
> 「大体の質疑応答」）

　この政党会派による審議システム（大体の質疑応答による審議システム）は，もちろん国会の審議システムの原型に他ならない。国会法制定時に読会制度を躊躇なく放棄し，国会法56条2項本文が「議案が発議又は提出されたときは，議長は，これを適当の委員会に付託し，その審査を経て会議に付する」と規定したのは，「常任委員会中心主義」と上記の実相の当然の帰結であるが，ここから漏れた，本会議（第一読会）における，趣旨の説明と大体の質疑応答が，1回国会，自由討議（国旧78）の形式を借りて瞬く間に復活し，更に2回国会，「各議院に発議又は提出された議案につき，議院運営委員会が特にその必要を認めた場合は，議院の会議において，その議案の趣旨の説明を聴取することができる」との規定（第1次国会法改正：国56の2）[8]により，「議院運営委員会が特にその必要を認めた場合」という限定を付して復活したのも，上記の実相の強力な拘束力の故である。

　国会制度を説く古典，『国会運営の理論』（鈴木1953）が示した，国会

8　国56の2について，5章3節(2)ⅱ，白井2013：27，28，Ⅲ章−8参照。

第3章　先例による帝国議会の制度化（二）

の「委員会中心主義」と，読会制度によった帝国議会の「本会議中心主
義」の対比は，「委員会中心主義」の意義を説く上で，明快，かつ，重
要な要素となっている。しかし，対比された「本会議中心主義」が，変
革のフェーズ1・2をとおして明らかにしてきたような，先例による決
定的な変化を踏まえたものであった訳ではない[9]。次節では大正議院規
則の議決を取り上げるが，その議決によって封印された改革の記憶は，
「本会議中心主義」のブラック・ボックスの中にある。国会の審議シス
テムを包含する不可視な構造連続は，今も封印されたままなのである。

ii 「討議」のプロセスの解体過程と外部への同期的派生

　先例による変革のフェーズ1・2をとおして，政府と政党会派それぞ
れの関係性（政府与党と野党の対立関係）に特化した審議システムができあ
がり，逐条による討議（自他を問わない質疑応答の連鎖・採決）のプロセス
を核心に置く明治議院規則の審議システムに，根本的な変更があったこ
とを見てきた。

　新たな審議システムへの道程は，この「討議」のプロセス，つまり
「過半数意思の形成プロセス」解体の道程に他ならない。解体の対象と
なった「過半数意思の形成プロセス」は，「大体の質疑応答」による変

9　(1)　鈴木1953は，衆規45①，参規42①を（委員会中心主義の下の）委員
　会における質疑討論の自由として解説するが（187-189参照），それは寧ろ解
　体された明治議院規則の「討議」の説明に相応しいものであろう。
　　(2)　同書187頁は上記(1)の両規定につき，「本会議における質疑及び討論に
　関する規定と対照し，又一方両院の旧規則が質疑討論について特にかかる規定
　を置くことなく，概ね本会議の規定の準用によって運用されていた点と比較
　して，極めて重要な意味をもっている」として解説するが，実際には，旧衆規
　28，旧貴規17に縛りをかけ，「概ね本会議の規定の準用によって運用せられて
　いた」ことにこそ，大きな意味が潜んでいたのである。前章2節(3)ii参照。
　　(3)　衆議院書記官長による『委員会制度の研究』（田口1939）は，帝国議会
　審議の中心が本会議ではなく委員会にあるからこその著作である。その内容は，
　帝国議会の制度的変遷を深く問うことなく，委員会を「制度」として詳細に説
　くものであって，帝国議会の「委員会中心主義」の書といっても過言ではない。
　新制度に関わるものを除けば，『委員会制度の研究』と『国会運営の理論』の
　距離は，決して遠くはない。1章注4も参照。

第1節　質疑応答の構造

革と並行して，審議の外の可視的ではない場所——政府と政党会派との
関係（政府と与党の融合），政党会派内の関係——に回収され，審議システ
ムの改革と接合する，可視的ではない別の枠組みとして派生していった。
　「和協の詔勅」が「官民調和体制」への道標であったとすれば（前章1
節(1) i ），この道標の一面には，9回議会開会（明28/1895）を前に成った，
伊藤（第2次）内閣と自由党の提携があろう（升味1966：252）。そこでは，
「(1)予算案は予じめ自由党に内示し，其の同意を求むること。(2)議会に
提出すべき重要なる法律案も同一の手続を執ること。(3)新なる政策を立
てんとするときは，予じめ自由党と協議を遂げ，其の同意を求むること。
(4)政府は国民の輿論を採用して，各般の施設を遂行すること。(5)互に宣
誓書を発表して，其の出所進退を明白にすること」とされた。
　以後，「討議」のプロセスの外部への派生は，この先駆け的な「官民
調和体制」への道標が示した道筋を進み，最終的に，既に述べてきたよ
うに「政党会派（と政府）による質疑応答の分断・囲込み」を接合の鍵
とする，政党会派による審議システム／審議の外における政党会派と政
府の関係／審議の外における政党会派内の関係，以上による不可視な三
位一体の枠組みができあがった。「質疑応答の構造」の完成である。
　この「質疑応答の構造」中，政党会派による審議システムの外にある，
政党会派と政府の関係・政党会派内の関係の構造的枠組みの中心にある
ものが，与党事前審査制，議員提出議案のいわゆる機関承認，そして以
上の結果でもある強固な党議拘束，という今に繋がるものの原型である。
これらは，何よりもまず，三位一体の構造として把握すべきものである。
　ここでは，外部への同期的派生の把握を，近時の研究成果（『近代日
本の予算政治 1900 - 1914 桂太郎の政治指導と政党内閣の確立過程』（伏
見2013）と「議会審議と事前審査制の形成・発展——帝国議会から国会
へ」（黒沢／奥，河野編2015）に負う。この二つの研究成果に負うに当たっ
ては，筆者の視点から，以下のことを指摘しておきたい。
　前者は，政府と政党会派の提携に関わる「予算政治」のダイナミズム
に着目し，桂が，16回議会明治35/1902年以降，一貫して，予算案に
関して政友会幹部との間で行った直接協議の協調的な慣行（同書は「予算

第 3 章　先例による帝国議会の制度化（二）

交渉会方式」と呼ぶ）を，分立的な統治機構を統合する具体的な方法とし
て指摘し，その形成・展開・終焉のプロセスを追う（当然，予算案だけで
なく予算案に関連する法案や建議案の動向を追うものでもある）。そして，桂の
政治指導が，衆議院の予算案審議を統制できる政友会の役割を逆説的に
向上させることになったと指摘する。

　一方，後者は，この政友会の幹部主導を支えた党内手続を確認し，更
に，所属議員の議院内での行動を統御するために創設された政務調査会
が，議会閉会期に常設されると部会単位で代議士と官僚とが接触する器
官ともなっていく経過を追っている。

　両者の考察はそれぞれ，史料により，政府と政党会派の関係，政党会
派内の関係の形成過程の解明を行うものであるが，筆者が問題にする時
間軸——審議システムの変革とその連続性——については関わるところが
ない。尤も，後者は，帝国議会の短い会期の制約への対応を，初期議会
期からの一貫した時間軸として取り上げ[10]，与党事前審査制形成の意味
付けを行っている。以下の如くである（黒沢／奥，河野編 2015：23,36）。

　　会期の短さに由来する問題は，二つの方向性からその克服が試みられ
　　た。第一は公式の制度に基づくもので，政党が政権党としての影響力を
　　十分に行使できなかった時期（初期議会期，五・一五事件後）の議院法改
　　正による継続委員活用や常置委員設置構想である。政党側は閉会中も審
　　議を行う制度に改め，そこで政府提出案件を事前に審議し，調整するも
　　のであった（初期議会の民党，五・一五事件後の衆議院）。第二は，政党を

10　(1)　旧憲 42［帝国議会ハ三箇月ヲ以テ会期トス必要アル場合ニ於テハ勅命
　　ヲ以テ之ヲ延長スルコトアルヘシ］。延長は原則として行われず，会期に参入
　　される停会・休会を除けば，実質的な会期は 2 ヶ月であったとする（同 38 頁
　　参照）。
　　　(2)　川人 1992：18 は，読会制度の変化の理由を会期の切迫に求めている。
　　また，村瀬 1997 は，短い会期の制約を鍵として，帝国議会改革の先駆的潮流
　　（初期議会）から，桂園時代型議会運営（「官僚閥と政友会という二大勢力が，
　　相互の利害をすり合わせ，調整しつつ，議会で成立させるべき議案の優先順位
　　を予めつけていくシステム」（同 49 頁））とその定着，政党内閣崩壊後の議会
　　改革，更には，国会法制定までを説いている。黒沢／奥，河野編 2015 は，以
　　上二つの系譜に属するものである。

第 1 節　質疑応答の構造

介した非公式な調整の仕組みであり，桂内閣期から始まった予算内示会
の慣行や政調会の事前審査である。実際に，活用されたのは，第二の方
法であった。

　桂園時代という特定の時間帯によって，「政党内閣確立過程（明治後期
から大正前期にかけて衆議院多数党が内閣構成主体へと成長する過程）」を読み解
く前者の視点と，後者の，「短い会期の制約」への対応を一本の時間軸
として，桂園時代（「政党が政権党としての影響力」を行使し得た時期）におけ
る「事前審査制の形成過程」を読み説く視点は，ともに議会の審議とそ
の外にあるものとの関係性を考察の対象としながら，審議システムの変
革とその構造連続という焦点を結ぶに至っていないと考える。
　帝国議会の特性を「短い会期の制約」として捉えるにしても，審議の
在り方という動態を捨象した分析では，一定の欠落を免れないであろう。
事前審査制の源流域が「本会議中心主義」という静態にあったとすれば，
現在に至った事前審査制の水勢と流域も，緩く狭いものになっていたの
ではないかと考える。「特定の時間帯」における特定の方策と審議の関
係性，そして「短い会期の制約」への一貫した対応，この両者の異なる
時間軸を統合して理解するため，更には，奥，河野編 2015 所収の各論
考（奥 2014 を含む）が，先行研究の成果と政治史学の視点からの問題意
識を共有しながら明らかにする事前審査制の諸源流や関連する諸相の関
係性をトータルに把握するためには，先例による見え難い審議システ
ムの変革とその構造連続という動態（別の時間軸）の把握がまず何よりも
必要である。憲法体制の転換を超えた事前審査制の水脈が，「短い会期
の制約」への対応や「戦時の記憶・経験則」（矢野／奥，河野編 2015：109）
といった支流によって繋がっているとは，筆者には考え難いのである。
審議の外への同期的派生の補足として，下記の先例（昭 17 版衆先 167，衆
先 161 の前身）を取り上げる。

第3章　先例による帝国議会の制度化（二）

議員にして国務大臣又は政府委員たる者は概ね議案提出の賛成者として署名せず（昭17版衆先167）

　　議員にして国務大臣又は政府委員たる者は概ね賛成者として署名せざるを例とす。但し，慶弔儀礼等に関する議案には署名せることなしとせず。

　　第37回議会　大正5年2月3日黒須龍太郎君外四名提出質屋取締法中改正法律案賛成者中，議員にして国務大臣若は参政官たる者の署名ありたる為，望月長夫君は，一面に於て議員たり一面に於て政府当局者たる場合に於て，政府の意見と相反する議案に賛成者として署名するも政府は差支なしと思料するやと問いたるに，藤澤政府委員〔藤澤幾之輔：第二次大隈内閣内務省参政官（立憲同志会幹事長）〕は，<u>党に属する代議士其の党の同意を得て提出する所の案に署名するは従来各党派の慣例なるも</u>，国務大臣又は参政官にして署名するときは，一方に於て提案者となり一方に於て反対するが如き<u>奇異なる結果の現わるるを以て，将来議員にして政府委員たる者の氏名は賛成者中より之を除くを妥当なりと思料する旨</u>答弁せり（速記録418, 419頁）。

　下線のように，議員が議案を提出（発議）する際のいわゆる機関承認（政党会派による議案提出）の原型が，既に政党会派に共通する一般的内部慣例として存在することを，非政友[11]内閣の参政官が言及している。「議員にして国務大臣又は政府委員たる者は概ね議案提出の賛成者

11　(1)　政友会においては，次のように管理・統制された。「本会所属議員に於て法律案，建議案其他総ての議案を提出せんとする場合に於ける規定」（27回議会に際し決定。明43. 12）。同規定及び前身である15回議会に際しての決定（明33. 12）から昭和に至るまでの調整と継続について，黒沢／奥，河野編2016：48, 49参照。
　　1. 法律案，建議案其他総ての議案を提出せんとするときは予め院内総務の承認を受るを要す，但し院内総務に於て必要ありと認むる時は政務調査会に提出して其決議を経るものとす
　　2. 質問書を提出せんとするときは予め院内総務の同意を求むべし
　　3. 会員外の議員より提出する法律案，建議案及其他総ての議案に賛成せんとする者は院内総務の同意を求むべし
　　(2)　なお，質問書提出に当たっての党内手続が国会に継承されなかったのは，国会の文書質問制度が，本会議との関係を基本的に遮断したものとして規定されたことの影響があろう（白井2013：58, 59）。

第 1 節　質疑応答の構造

として署名せず」の根拠が，各政党会派共通の慣例（機関承認）にあるということである。この先例は，議会審議において，政府と与党の関係に「奇異なる結果の現わるる」ことのないようにするための事前の方策，つまり，政府と与党の事前の融合策のうち，最も外縁に位置する派生的で付随的なものである[12]。「奇異なる結果の現わるる」ことのない議会審議と連結した政府・与党の事前融合策の本筋——その中核にある政府提出議案の与党事前審査，そして議員発議議案の機関承認によって，それぞれ裏打ちされる強固な党議拘束——の存在をここから読み取ることできよう。議員間の「討議」のプロセスを解体し，与野党対立の単一構造へと縮減・特化を果たした「政党会派による審議システム」と，与野党を問わない強固な党議拘束の存在は，その成り立ちからして既に一体不可分の関係にある。これが「質疑応答の構造」である。

　外部構造の同期的派生と接合する帝国議会の審議が，具体的にどのように変化し，どのように規範化されたのか。明治議院規則が規定する「討議」による審議システムの外形に手を付けることなく，その中身をどうのようにして先例による審議システム（政党会派による審議システム）に置き換えたのか。「質疑応答の構造」がどのようにして形成されたのか。こうしたことをここまで見てきた。「政党会派（と政府）による質疑応答の分断・囲込み」を鍵として，「質疑応答の構造」は，普遍的な構造的枠組みとなり，帝国憲法体制に不可視なまま組み込まれたのである。

12　(1)　その一方で今も先例集に掲載される唯一の方策でもある（衆先 161 号）。政党会派内あるいは政党会派と政府間の問題にとどまらない，賛成者の充足という法定要件（国 56 ①，衆規 36 の 2）に関わるためである。

　　(2)　本先例のもとになった藤澤政府委員の政党会派内手続への言及は，第 2 次大隈内閣が，政府と与党の一体化を議会の場で新たに体現した参政官（議員にして政府委員）という立場の故である。

　　(3)　国会の機関承認については，原田 2012，白井 2013 Ⅲ章 - 4 参照。先例集に記載のない政党会派内手続（機関承認）が，確立した先例と認識されるようになったのは，議運理事会の協議によって，機関承認を欠く議員提出議案が「政党会派による審議システム」に適合するか否かという問題に拡大転化されたと言うことである。

第3章　先例による帝国議会の制度化（二）

第2節　政党政治の法構造
——「官民調和体制」の永続システムの完成

(1)　衆議院先例彙纂・委員会先例彙纂の改訂から：3

i　政党会派による審議システムの規範集として

大正 9/1920 年版・衆議院先例彙纂は，衆議院先例彙纂・委員会先例彙纂の改訂から：2（前章2節(3)）で述べたように，大正1年版・同4年版から大きな転換を果たした。大正1年版・同4年版は，実定規則を判断基準とする「通則・通例」とその「違例」を併記し，「按ずるに……13」という事務局の意見によって「通則・通例」とその「違例」の整合を図るものであった。大正9年版においては既に，「1個の事例にして其の処置区々に亘れるもの尠しとせず，而して之を一定するには一に議長の決裁に俟つべきものあり，或は院議を以て決定すべきもの」（明35版例言）とは判断しなくなったということであり，先例による審議システムの一応の完成があったと判断したということである。これにより，大正9年版においては，「通則・通例」とその「違例」について「処置……を一定する……決裁」権をもつ議長の序文（書記官長の献呈文を含む）が消え，例言，本編をとおして，「按ずるに……」という事務局の意見も消えた。

衆議院先例彙纂・委員会先例彙纂の改訂から：2においては，この大正9年版において，第二読会の在り方に関する先例のみ（摘録4−2〜2"），「通則」がそっくり置き換えられていることも既に見てきた。そして，「大体の質疑」という類の表現も過去のものとなった。「大体の質疑応答」がなくなったのではなく，逆に，「質疑応答」が全て「大体の

13　「按ずるに……」が付された先例は40箇所を超えるが，摘録4−2中の「第二読会は逐条討議を為すを通則とする」が，「按ずるに……」のメイン・ターゲットに他ならなかったであろう。「通則・通例」と「違例」の併記，そして「按ずるに……」という手法もその核心はここにあったと考える。明治議院規則の審議システムの核心がここにあったからである。

70

質疑応答」を意味するものとなった。議院規則を含め規範上の質疑応答の全てが「大体の質疑応答」として再定義されたということである。第二読会が，修正案条項審議の場から更に，議案全体・修正案全体を議題とした審議の場になったのはこの再定義の中でのことである（摘録5－1～1"）。また，「政党会派（と政府）による質疑応答の分断・囲込み」が明確となったのもこの再定義の中でのことである（摘録5－5,5'）。そして，この再定義と明治議院規則との法形式上の微調整が，大正衆議院規則の議決という最終章に他ならない。

　大正9年版・衆議院委員会先例彙纂も衆議院先例彙纂と同様に，議長の序文（書記官長の献呈文を含む）が消えた。そして，両先例彙纂からは，ここまで残っていた「討議」という表現も消えた。以上，議院法・衆議院規則の大きな制約を受けながらも，両先例彙纂一体として，先例による議会運営，「政党会派による審議システム」の規範集としての立ち位置を確立したものと言えよう。この立ち位置が最早，「外国の事例に鑑み討究考査」（大1版衆先書記官長献呈文）をする必要のないものであったことは言うまでもない。範とした諸外国のシステムを換骨奪胎した独自のシステムの構築によって，政党政治は，政党内閣制の時代を指呼の間に捉えるまでになったのである。

ⅱ　構造連続の証として

　この大正9年版を基盤として，以降は，過去の事例への遡及も含めて「政党会派による審議システム」の規範集としての洗練，明確化が進められた。結果として，昭和11年版，加えて，議事堂竣工をカヴァーした昭和12年版が戦時体制の影響を強く受ける前の帝国議会先例の集大成となったのは時代の変転の故である。昭和17年版は戦時翼賛体制下の改訂であり，それまでの延長線上で審議の「効率化・合理化」を強く示すものであった（3節(2)）。敗戦後，憲法体制の転換の中で，帝国議会から国会への隙間のない転換と継承——参議院も含め，「政党会派による審議システム」の国会制度への円滑な組込み——が，先例も含め体系的に果たされたことは次章で述べるが，こうした帝国議会の系譜を脈々

と継ぎ，憲法，国会法，議院規則と一体のものとして，衆議院先例集，同・委員会先例集がある意味古色蒼然とした骨格を保ったまま，最新版（平成29年版）にまで至っているのは，国会と帝国議会が見え難い構造連続の上にあることの裏返しでもある。参議院先例録，同・委員会先例録が帝国議会の先例に触れないのは当然であるが，この構造連続の中にあって，（貴族院の先例の直接的な影響をも残しつつ）憲法，国会法，議院規則と一体のものとして，帝国議会の先例の体系を同様に継承しているのは，まさに「議院法伝統」の然らしめるところである。

(2) 大正衆議院規則の議決

i 先例の体系と議院法・議院規則の倒立関係
── その意味と意図と意義

先例による改革が成った後の，大正14/1925年50回議会における新たな「衆議院規則」の議決を，同案審査特別委員長は「本案は殆ど全員の御提出でありまして……，為に本案は時勢の推移と及び実際の運用に照して，其粋を尽して居るものと認め得られるのであります，勿論之を尚お審議すれば幾多改正の点もございましょうが，兎に角短日月の時に於て，議院法に触れずして此の改正を為すと云うことでございますからして，先以って是で完全のものと見られるのであります」（3.24衆本33号883頁）と説明[14]しているが，先例による審議システム（政党会派に

---

14 (1) この委員長報告に続いて，議長・副議長党籍離脱の慣例化（同日本会議前，正副議長はそれぞれ党籍離脱）を望む希望決議が提出され，希望決議，衆議院規則案ともに，それぞれ総員起立により可決した（衆先65も参照）。この衆議院規則が持つ象徴的意味合いを推し量ることができよう。

(2) 希望決議は以下のように，議院法・衆議院規則が規定する議長の強力な権限と政党会派の関係性を，正副議長の党籍離脱という象徴的な行為によってビジュアル化することで，政党政治の正統性を宣言するものであったと言えよう。

「議長は議院の秩序を維持し議事を整理するの職責を有す。従って議院法並び衆議院規則に於ては議長に対し絶大なる権力を附与せり。而して議長の職に膺る者は不偏不党厳正公平たることを要すべきや論を俟たず。今

第2節　政党政治の法構造

よる審議システム）が素直に規定された訳ではない。大正衆議院規則では，先例による改革を所与のもの（もともとあったもの）とする微調整が行われた。それは，ⅱで述べるように，先例による審議システム（大体の質疑応答の体系）を所与の前提とし，「討論」の節に，その個別規制を新たに規定する等の措置によって，明治議院規則との調和を図るものであった。これにより，「読会」の節の存在と関わりなく，先例による「大体の質疑応答」の体系が議院規則に組み込まれ，逐条審議に関わる質疑応答の規定（旧衆規113但）は無意味化された。このような，先例と議院法・議院規則の体系的な倒立関係は本来あり得ないもので，もちろん質疑応答に関する部分以外に見いだすことはできない。

　衆議院規則はそのまま「政党会派による審議システム」を包容するものへと転生したのである。そして，新たな議決という外形上の刷新によってその痕跡は上書きされた。変革の記憶の封印・消去であり，「政党会派よる審議システム」の遡及的な普遍化である。このことによって，大正衆議院規則は，「政党会派よる審議システム」を，帝国憲法・議院法・議院規則の体系に矛盾なく組み入れ，固定化したのである。

　「時勢の推移と実際の運用を踏まえた」外形の刷新は，「議院法に触れずして」，議院規則と政党政治の共棲——帝国憲法，議院法の下にある議院規則が，もともと政党政治と相反しないものであること——を顕示する機能を果たした。未だかつてない本格的な政党内閣（加藤高明内閣：護憲三派連立）に相応しいものとして，議院規則の外形の刷新そのものに大きな意味があったのである。大正衆議院規則は，政党政治と帝国憲法体制の正統的な融合の顕現であり，象徴である。その議決は，まさに，護憲三派内閣の究極のテーマとも言うべき普選法案（衆議院議員選挙法改正法案，政府提出・衆議院送付）の貴族院審議が最終段階を迎えた中，特別な意匠も交えて（注14），政党政治の正統体制（有終ノ美）の完成を言祝ぐものであった。

　　や現任議長及び副議長は此の趣旨に鑑み党籍を離脱し範を将来に示したり。
　　故に本院は将来議長及び副議長にして政党政派に属したる場合に於ては其
　　の在職中に限り党籍を離脱せられんことを望む。」

第 3 章　先例による帝国議会の制度化 (二)

　なお，先行した大正貴族院規則[15]（大 10/1922，44 回議会）は，貴族院
における先例による変革の到達点——先例による変革のフェーズ 1 に相
当——を踏まえたものであるが，上記衆議院規則の改正形式と同一であ
り，改正の方向も全く同一である。衆議院規則の新たな議決は当然，議
院法に触れずして行われた大正貴族院規則の議決を参考にしたものでも
あろう。こうした先例による変革と議院規則の外形上の刷新がもたらす
二重の不可視性（閉鎖性・曖昧性）なくしては，政党会派と政府の融合と
いう，立法協賛機関と政府の関係性をめぐる構造改革は成就し得なかっ
たのである。「本会議中心主義」という固定観念——政党政治を制度面か
ら論じるに当たって恐らく例外なくはまっている陥穽——の淵源はこの
意図して作られた二重の不可視性にある。

　いずれにせよ，大正衆議院規則は，護憲三派による政党内閣（加藤内
閣）の樹立とその成果を言祝ぐものとして，明治議院規則の外見を一新
し，再起動して見せた。筆者はこの象徴的な行為を，実定制度と「質疑
応答の構造」が共棲する「政党政治の法構造」の完成の宣言とみる。帝
国憲法，議院法の下にある，議院規則と政党政治の共棲だけではなく，
実定制度全体によって成り立つ帝国憲法体制と政党政治が共棲する法構
造が完成したということである。これにより，帝国憲法体制に政府と与
党の不可視な融合が組み込まれ，多元的なその他の権力をも吸引する強
力な磁場が「質疑応答の構造」の土壌（序章 2 節(3)）に形成された。先例
による変革フェーズ 1 において形成された「官民調和体制」の審議シス
テムは，更にフェーズ 2 において，「官民調和体制」の永続システムと

---

15 「第一回の議会に制定されまして，爾後一部の改正はあったのでありますが，
……多くは慣例に依って規則の不備を補って実際の運用に供して来たのが今日
までの経過であります。……，是等の慣例を明文に現わすのが今日が時機であ
ろうと云うのが第一の理由であります，故に今日まで慣例に依りましたものを
総て此改正と同時に明文に掲げたのであります（中略）議院法なるものは所謂
憲法附属の法律でありまして，且又当院一院のみに関係した法律でなく，衆議
院にも関係して居る法律でありますから，是は又他日機会があろうと思います
る故に，議院法に関係したる改正は此改正の中にはまるで無いと云うことを御
承知を願います。……」と説明している（42 回大 9.2,4 貴本 9 号 171, 172 頁）。
なお，42 回議会はこの後（当該動議特別委員審査中），衆議院解散に伴い停会。

第 2 節　政党政治の法構造

して深化し，固定化されたと言えよう。官民調和体制——「一方で軍部
や官僚や貴族院を一つの保守勢力が掌握し，他方で衆議院の恒常的多数
を一つの政党が握り，両者が各々の内部の利害を調整しながら，安定的
に国政を運営していく体制」（前章注6）——は，「質疑応答の構造」の不
可視な土壌において，不即不離のものとして収斂した。この「官民調和
体制」の永続システムの完成をもって，明治・大正期の憲法改革は完結
したのである。

　ちなみに，「憲法改革」という概念は，「およそ憲法体制・憲法秩序は，
最高法規である憲法典の規定だけで成り立つものではなく，多くの憲法
判例や憲法附属法によって形づくられる。そこで，とくに統治構造を見
直すことが求められる場合，まず，憲法典の条項を改める憲法改正とい
う方法によることも考えられるが，そこまで至らないときは，概括的な
憲法典の規定を補充する各種の憲法附属法による憲法秩序の変更の方が，
大きな役割を果たすことになる」と定義されるものである[16]。政党政治
のシステム構築に関する不磨の大典の憲法改革は，既存の附属法による
実定制度を維持したまま，質疑応答をめぐる「議会の制度化」という見
え難い規範の創造と蓄積に拠って，捉え難いものとして行われたのであ
る。

　政党内閣制の始点となったここまでの歩みは，日清，日露，第一次世
界大戦を大きな節目とする，最後発の「植民地帝国」（三谷2017参照）の
瞠目すべき興隆と形影相携えるものであったことは留意されるべきであ
る。それは，この永続システムの機能が，「植民地帝国」のその後と強
く作用し合うことをも意味する。ここには，「植民地帝国」の破綻に至
る構造的な要因があり，同時に，被占領管理体制の下での「帝国憲法体

16　(1)　大石2005：386。「憲法慣習による憲法改革」を分析する赤坂2016：278
　-286参照。なお，下記(2)の分析例も含め，「憲法改革」という概念設定につい
　ての批判的分析として，西村2016参照。
　　(2)　伊藤博文が帝室制度調査局において行った，公式令制定による統一的な
　国法秩序の確立と軍の立憲的統制の試みを，帝国憲法期（1907/明40年）の
　「憲法改革」として捉えるものとして，瀧井2010第5章，同2012参照。また，
　上記の西村2016への応答として，瀧井2016：注60参照。

75

第 3 章　先例による帝国議会の制度化（二）

制の隙間のない転換と継承」（4章）に繋がる構造的な要因があったとも
考える。

ⅱ　大正衆貴両議院規則は何をどのように規定したか

　ともあれ大正衆議院規則の下においては，下記のような仕組みによ
り，政党会派（と政府）によって分断され囲い込まれた「大体の質疑応
答」による審議システムが，大体の「質疑」の規制に関する個別規定の
背後に隠れたまま存在することになった。この点において，国会の衆議
院規則は，暫定衆議院規則を経由した大正衆議院規則（本質的に変わると
ころがない大正貴族院規則）の継承に他ならない（4章参照）。参議院規則も
同様である。

　衆貴各議院規則中「討論」の節の主な変更は以下のとおりであった。
　　・貴族院規則はその節名を「討論」から「発言」に改めた。
　　・衆規 109 条，貴規 89 条：延会等によって中断した発言の継続を，
　　　「更ニ討論ヲ始ムル」とは表現しなくなった。
　　・衆規 121 条，貴規 105 条：「質疑」の規制に関する個別規定（質
　　　疑終局動議に関する規定）を追加した。

　改正を要約すれば，「討論」の節──逐条審議に対応するものとして規
定されている広義の「討論」の体系（1章2節(2)）──に，全く異なるシ
ステム──全部化した大体の「質疑」と狭義の「討論」（全体についての単
なる賛否の表明）という二段階のプロセス──を矛盾なく組み込んだこと
にある。全部化した大体の「質疑」に関し，その規制（質疑終局動議）の
み規定（旧衆規 121 ②）することによって自動的に，広義の「討論」の体
系を解体し，「討論」の節を，質疑と狭義の「討論」に関する規定の集
合体にそっくり置き換えたのである。例えば，既存の討論終局の宣告
（旧衆規 119），討論終局動議（旧衆規 120）も，狭義の「討論」に関するも
のになった。大体の「質疑」と狭義の「討論」という二段階のプロセス
がこうして議院規則に溶け込んだのである。議院規則の疑義決定に関す
る規定（旧衆規旧 117）の，「討論」の節末尾から議院規則の最後尾（補則）
への移動（旧衆規 222）は，広義の「討論」の体系という動態の静態化を

76

象徴するものであろう。

以上の手法は，先行して議決された大正貴族院規則がオリジナルである。ただし，採られた手法は両議院規則間で微妙に異なる。既に述べた明治議院規則の成り立ちの違いにより，第一読会という特定場面での大体の「質疑」規定（旧衆規93②）という越え難い障害物がもともとない貴族院規則は，節名を「討論」から「発言」に変更することで，（狭義の）「討論」とは別の段階（大体の「質疑」≒「広ク一般ノ問題ニ対スル質疑」：摘録5－16［注］参照）が存在するようにその場を拡張し，その上で，大体の「質疑」の規制規定（質疑終局動議）を置いている（旧貴規105）。一方，「討論」の節とは別に，第一読会という特定場面での大体の「質疑」規定（旧衆規93②）を持つ衆議院規則は，貴族院規則のように節名を改正することができず，「討論」が終局したときは討論に対する質疑は許さないという，広義の「討論」の体系にあってはもともと当然の限界であった質疑時機の制約に関する規定を敢えて新設・前置することによって（旧衆規121①，摘録3－4参照），「討論」の節中に「質疑」が存在することを明確にし，その上で（大体の）「質疑終局動議」を新設している（同条②）。

いずれにせよ両議院規則ともに，時が過ぎればその意味も意図も意義も理解不能となるような巧妙な手法[17]によって，極度に硬い憲法附属法（議院法）に根拠を置く読会制度の制約を乗り越え，それぞれ先例による

17　下記（42回大9. 2. 9貴規改正動議特委速記録1号2頁）の質疑終局宣告規定の不存在に関する江木翼委員と河井彌八書記官長（法制と議会運営の専門家間）のやりとりは，大正議院規則が一身に持つ，先例による審議システムの反映と既存の議院規則の外形の保持・調和という，バック・トゥー・バックな特性を如実に物語っている。

　　○江木翼君　……，此国務大臣若は政府委員に対する質疑若くは委員長に対する質疑と云うようなものは，詰り限りなくやれるものであるのかどうか，討論の終局と云うことはありますが，質疑の終局と云うことはない訳のものでありますか，どうでございますか，どこかに規定がありますか，それは私どもどうも……唯時に依る議長の職権で終結を宣告することが出来るように今なって居ったのではありませぬか。

　　○説明員（河井彌八君）それは無いと思います。

第3章　先例による帝国議会の制度化（二）

審議システムは，帝国憲法・議院法・議院規則と融合し，更には，帝国憲法体制を形成する実定制度群とのシームレスな法的接合を果たしたのである。

　読会制度の制約から解放された国会の衆参両議院規則が，「質疑」を明記し（衆規45, 134の2／参規42, 110），討論終局宣告規定（衆規139, 参規122）の前に，質疑終局宣告規定（衆規139, 参規112）を置いて（注17参照），先例による審議システムと議院規則の倒立関係（ⅰ参照）を微調整したのは当然のことである。また，衆議院規則が，その節名を「発言」として，大正貴族院規則に倣ったのも当然のことである。

(3)　小　　括

　以上のように，先例の生成・蓄積による「議会の制度化」をとおして，明治議院規則の審議システムを換骨奪胎し，立法協賛機関に相応しい極度に硬い帝国憲法・議院法・議院規則の体系と共棲するもの，延いては，帝国憲法体制を構築する諸々の実定諸制度と共棲するものとして，不可視なまま，不可視なものとして，「質疑応答の構造」が形成された。この共棲構造が「政党政治の法構造」であり，この共棲構造の完成の象徴が，護憲三派内閣による普選法制定とも重なり合う，大正衆議院規則の議決であったという次第である。

　言わば立法協賛機関の擬態によって，多元的に権力が分立する帝国憲法体制に政府と与党の融合が不可視に組み込まれ，分立するその他の権力をも吸引する磁場が「質疑応答の構造」の土壌に形成された。模範とした国とは異なるタイムスパンの促成によって，英国流の二大政党体制による「憲政の常道」と言われる現象にまで到達したのである。

　もちろん，「政党政治の法構造」に「憲政の常道」が制度として組み込まれていた訳でないことには注意が必要である。「政党政治の法構造」は，あくまでも，政府と「衆議院の恒常的多数を占める」過半数政党の構造的な融合により，政権与党が永続する（はずの）ものとしてあったのである。「官民調和体制」の永続システムである。それ故に，総選挙

の結果が政権交代をもたらすことはなかったのであって，また，それに故にこそ，「憲政の常道」を作り出した元老（西園寺公望）の推奏による大命の降下を目指して，激烈な倒閣抗争が政党内閣制の時代を覆ってしまったのであろう（川人1992：234参照）。もちろん，現在の「政党政治の法構造」においては，倒閣ではなく，総選挙の勝利（同質化した参議院の通常選挙の勝利を含む）が至上命題となる。

　次章では，敗戦による憲法体制の転換，国会制度の導入によっても，「政党政治の法構造」がそのまま継承されたことも明らかにする。従って筆者は，改革の完結後から今に至るまでを，一連の「政党政治の法構造」作動の時代として捉えるが，以下では，政党内閣制の時代から帝国議会の終焉までを，筆者の視点から簡単に辿る。

第3節「政党政治の法構造」作動の時代（1）

(1)　政党内閣制の時代[18]

　上記改革の営為の埒外にある他者――天皇の統治大権，統帥大権，更には，天皇の神性といった，帝国憲法の揺るがしがたい正統原理により近い他者 ―と「政党政治の法構造」との関係はどうであったか。正統原理により近い他者とは，帝国憲法の多元的な分立体制を担う他者であり，分立体制の部外者でもあり得るが，特に，正統原理を原理主義的に信奉し，標榜する他者にとっては，立法協賛機関の擬態は帝国憲法体制の擬態であり，帝国憲法体制への寄生に他ならない。正統原理との軋轢の中で，分立的な権力の統合をめぐるこうした非政党的あるいは反政党的な他者と政党政治のせめぎ合いは，相互利用と反発や衝突が入り混じる屈折したものとなった。政党とこうした様々な他者は，「質疑応答の構造」の不可視な磁場において深く関係し，影響しあったのである。

　前節(3)で述べたような政党内閣制の展開も，こうした他者の伸長とそ

18　粟谷1983，有馬2002，村井2005，2014，奈良岡2006，坂野2012，三谷2017参照。

第3章　先例による帝国議会の制度化（二）

の思惑を内面に取り込むものでもあった。第一次世界大戦後の国際協調体制・経済金融体制の形成と破綻という激動に翻弄された最後発の「植民地帝国」にあっては，こうした他者や原理主義的な主張を積極的に招き入れて利用した与野党対立構造への過剰適応をも一因とし，五・一五事件（昭7/1932）の衝撃によって政党内閣制が瓦解したのである。政党政治の絶頂期は余りにも短かったと言わざるを得ないが，一面では，立法協賛機関の擬態が持つ構造的な脆弱性の露呈に過ぎなかったとも言えよう。以後，政権担当権力——「質疑応答の構造」の磁場において多元的な権力を糾合し得る権力——から後退した政党は，その後退によって弛緩した「質疑応答の構造」の中で，政党内閣の復活を目指すこととなった。それもまた，政府に対する協力と衝突，他者との連携と衝突が入り混じるものであった。

(2)　政党内閣制瓦解の後

　昭和7/1932年，衆議院の議会振粛委員会が，「綱紀粛正要綱」によって提起した「常置委員会」構想は，政権担当権力からの脱落によって弛緩した政党と政府の関係の再構築[19]を，公式の審議の場での，事前審査的なものによって図ろうとしたものであろう。しかし，「常置委員の組織は各政派の代表者を網羅し，議会閉会中に於ても，常に政府と折衝をなし，国策遂行に付て両者の間に意思の疎通を図り，次期議会に対する所の審議の準備をなし，之に由って議会短期の欠缺を補い，議会と政府との関係を円滑ならしめ，議会政治完成の一階梯と致したい」（65回，昭9.3.20衆本速記録26号722頁）という直球を帝国憲法体制の正統原理が受け入れる（議院法改正の）余地は，衆議院以外にはもともとどこにもなかったのである。

　逆に，昭和13/1938年，政府の議会制度審議会が帝国憲法の正統原理

19　政党会派内の関係につき，「議会振粛要綱」に基づき各派協議会が行なった議事進捗の申合せ（12項目）に，「⑽各政党に於て党議拘束の程度を緩和するよう努めること」（昭17版衆先555）がある。

第 3 節 「政党政治の法構造」作動の時代（1）

を謳い審議能率の増進[20]を求めたのは，日中戦争の拡大に伴う国内体制強化が求められた時代にあっては当然のことである。下に抜粋する，衆議院各派協議会が行なった「議事進捗に関する申合」はその回答でもある。ここで行われた，戦時議会における審議の「迅速化・合理化」も，次章で明らかにする構造連続の中で，その多くが「憲法と国会法の精神に反しないもの」として，国会の先例等に引き継がれることとなったのである（序章 1 節も参照）。

（昭 17 版衆先 555（抄））。
　　第 74 回議会昭和 14 年 1 月 21 日各派交渉会[21]に於て，議会に於ける審議能率の増進を図らんが為議事進捗に関する件 10 項，政府に要望すべき事項 3 項の申合を為し，議事進捗に関する申合は即日より之を実行せり

　　　　議事進捗に関する申合
　　戦時議会の重要性に鑑み，議会をして権威あらしめ，議事の進行を敏活にせんが為，議院内に於ける言論行動を調整するの方途を講ずること
　　本会議及び各委員会に於ける質疑は，質すべきは之を質し，議会の権能を正当に発揮すべきは勿論なるも，質疑討論は国策の大本に関し，直截簡明に根拠あり権威ある内容を具備する指導的論議に重点を置く

20　(1)「審議能率増進に関する件」（9 項目）には，「(1)委員会に於ける政府の答弁は主として政府委員之に当ること　(2)議員の演説時間の制限等に付ては各院之れを考究すること　(5)質疑の項目は成るべく予め文書に依りて提出すること」等がある（衆議院参議院編 A1990：99）。
　　(2)　なお，上記「(5)質疑の項目は成るべく予め文書に依りて提出すること」の嚆矢として，50 回議会（大 14/1925. 1. 27）国務大臣の演説に対する質疑（武藤山治／実業同志会代表）に対する加藤高明首相の答弁参照（衆本速記録 6 号 82 頁）。前田 2007：385，加藤（奈良岡）2015：43, 44 参照。以後，質疑内容の事前通告は明確な慣例とはなっていなかったのであるが（村瀬 2015：177-187 参照），この上記(5)の影響により，質問取り（レク）の慣行もできあがったのであろう。
21　決定時は「各派協議会」。同月 31 日，各派協議会は「議事進捗に関する申合」1 号に基づき「各派交渉会規程」（摘録 4-29）を決定し，「各派交渉会」となった。

第3章　先例による帝国議会の制度化（二）

　　必要あり，此の方針により左記要領を実行すること[22]　［抜粋］
　　1　各派交渉会［実際は各派協議会］の組織を強化し，其の協定に権
　　　威あらしめるの方途を講ずること
　　2　国務大臣の施政方針の演説に対する質疑者は相当数に制限するこ
　　　と
　　4　質疑者は予め質疑主旨並びに質疑順位質疑時間等に付き主任と協
　　　議すること，本会議の場合も亦之に準じ院内主任総務と協議するこ
　　　と
　　5　本会議委員会を通じ極力質疑の重複を避けること
　　6　予算委員会に於ては予め各部門（例えば財政，外交，商工，農政等）
　　　に各委員の分担を定め，各部門に於て検討を行い，其の代表者をし
　　　て質疑せしめること，従って予算委員会に於ける代表質疑者は適当
　　　数に限定すること，各委員会も之に倣うこと
　　10　各大臣の本会議及各委員会に於ける出席日及時間を予め政府側と
　　　協定し質疑を徹底的に行い，他は成るべく政府委員との応答により，

22　(1)　前注の各派交渉会規程6条［各派交渉会の議事は全会一致を以って之を
　　決す］は，根拠となった「議事進捗に関する申合」1号のとおり，戦時議会と
　　して各派交渉会の協定に権威あらしめるための宣言のようなものである。それ
　　がもともと非議決機関である各派交渉会の一面の強調であることに注意を要す
　　る（白井2013：8，9参照）。「政党会派による自律的運営」が構造として国会
　　の運営に継承されていることを認識する必要があると考える。森本2017.5は，
　　国会における意思決定を，「①法律案の議決のような，国会や議院に与えられ
　　た実体的な権能を行使する上でのもの」と「②活動の場が会議であることに
　　よる議事の手続を決めるもの」の2類型に大別した上で②を取り上げ，「多数
　　決と全会一致の間合い」を分析している。「政党会派による自律的運営」の継
　　承は，多数決か否かの類型化には収まらない，「多数決と全会一致の間合い」
　　の構造的継承に他ならない。
　　(2)　注20(1)「審議能率増進に関する件」中「(2)議員の演説時間の制限等に
　　付ては各院之れを考究すること」の具体策として，新たな先例が生成した（昭
　　17版衆先274［議員提出法律案の趣旨弁明の時間を制限す］，同292［議案に
　　対する質疑時間を制限す］，同511［口頭質問の時間を制限す］）。
　　(3)　「議事進捗に関する申合」中2については，摘録2－6［注2］，2－2参
　　照。
　　(4)　同上申合中4，5は，注20(1)の「審議能率増進に関する件」中「(5)質疑
　　の項目は成るべく予め文書に依りて提出すること」を踏まえ，更なる事前規制
　　を図るものである。
　　(5)　同上申合中6については，摘録5－13''参照。

82

第3節 「政党政治の法構造」作動の時代（1）

戦時国務の遂行と議会の機能との円滑なる関連を保持することに努めること

政府に要望すべき事項
1　政府提出の議案は成るべく議会会期の半迄に提出すること
3　火曜日の質問日は本来の趣旨に依り之を励行し，政府は口頭を以って答弁すること

一方，頓挫した「常置委員会」構想は，政党解消後の翼賛議会において，昭和16/1941年，両議院においてそれぞれ「調査会」（規約は，衆議院議員打合会決定，貴族院各派交渉会決定）として翻案された。「議事準備の為諸般の調査研究を為し併せて会員相互の親睦を図る目的を以て」省庁別の部（衆議院14部，貴族院6部）を設けて事前審査を行い，以後，戦時協力体制の一翼を担った。（更に，衆議院においては，後に結成された院内会派（翼賛議員同盟）や，翼賛選挙（昭17.4.30）の後，東條内閣の肝入で結成された唯一の政党（翼賛政治会）においても，「調査会」と重複して事前審査が行われた。）

(3)　被占領時代 ── 国会法案起草の段階

戦後，衆議院が主体となった国会法案起草の過程においては，この「常置委員会」構想の挫折とその後の「調査会」のある種の成功体験をもとにほとんど悲願として，「常置委員会」の設置が旧来型の常任委員会・特別委員会とセットで図られた（ここに「本会議中心主義」の措定に繋がる問題意識は存在しない）。しかし，「常置委員会」の設置は，権力の分立を重視するGHQ（連合国最高司令官総司令部）の指示によって否定され，代わりに，国政全般を分担してカヴァーする「常任委員会」の設置が指示された。国政調査権等の格段に強化される議院の権限はこの常任委員会が中心となってその行使を担うことになったのである[23]。これが，も

23　西澤1954：36-47参照。J・ウィリアムズ1989，同／赤坂2006，同／赤坂2007，岡崎2003，同2005，赤坂2004，駒崎2015，梶田2017参照。

第3章　先例による帝国議会の制度化（二）

ともとの「委員会中心主義」，つまり「常任委員会中心主義」である。

　それはさておき，「常置委員会」構想は，既に述べたように，権力の融合に関わる政府と政党会派の協議を公の審議の場で実現する性格のものであった。「常置委員会」構想は，旧憲法の多元的な分立体制に続き，新たな憲法の権力分立体制によっても否定され，そして，アメリカ流の明確な権力の分立と議院内閣制の並存と理解される制度が作られたのである。

　一方，帝国議会から国会への法的転換と隙間のない継承の仕組みは，次章で分析するが，この不可視な仕組みによって，帝国憲法の分立体制下において作られた「政党政治の法構造」が，新たな憲法の権力分立体制と議院内閣制に沿うものとしてそのまま無意識に組み込まれた。アメリカ流の新たな委員会制度は，「質疑応答の構造」の中で運用されていくことになったのである。国会制度がたどる道筋がここに浮かび上がる。

84

第1節　憲法補則・国会法附則・暫定衆議院規則

第4章

帝国議会から国会への
隙間のない転換と継承

　本章では，帝国議会から国会への転換と継承について考察する。その前提として，現行の国会法や衆参各議院規則全条の前歴を，制定時の旧議院法や旧衆貴各議院規則にまで遡ってトレースしているが，ここでは個別の規定を追うことはしない。どのような法的枠組みと法制上の技術によって，憲法体制の転換と継承が行われたかということそのものに大きな意味があるからである。しかし，こうしたことが審議の場で議論の対象となった訳ではなく，初めから見え難いものであり，かつまた，既に忘却の彼方にある。

第1節　憲法補則・国会法附則・暫定衆議院規則

(1)　帝国議会と国会の結節点

　衆参両院の議院規則1条[1]が「集会しなければならない」と規定するのは，国会法5条の「議員は，召集詔書に指定された期日に，各議院に集会しなければならない」と一体のもので，勅命による帝国議会の開会・開院式（旧議5）の前提となる議院の成立集会の規定，つまり，旧議院法2条［議員ハ召集ノ勅諭ニ指定シタル期日ニ於テ各議院ノ会堂ニ集会スヘシ］と，旧衆議院規則1条［議員ハ召集ノ詔書ニ指定シタル期日ノ午前9時衆議院ニ集会スヘシ］及び旧貴族院規則1条［議員ハ召集ノ詔書ニ指定シタル期日ノ午前9時貴族院ニ集会スヘシ］を，国会の召集日に引き

1　衆規1条の平成25年改正については，白井2017：29-31参照。

85

第 4 章　帝国議会から国会への隙間のない転換と継承

継いだものである。

　それは，国会の召集日を，議院の構成の中核である議院の役員（憲 58
①，国 16）の選出，とりわけ正副議長選挙のための特別のものとして規
定するからに他ならない。帝国議会衆議院では，総選挙後の議院の成立
集会において，勅任（旧議 16）の書記官長の主宰によって，議長候補者，
副議長候補者各 3 名の選挙が行われ，候補者の奏上（旧衆規 13）を経て，
議長，副議長が勅任された（旧議 3）[2]。そして議院成立後，勅命による
開院式を経て帝国議会が開会した（旧衆規 23，旧議 5）。国会法 6，7 条
と衆参各議院規則 1 章は，ここから天皇との関係を抜き，衆議院議員
の総選挙後あるいは参議院議員の通常選挙後（議長，副議長がともにいない
場合）の国会冒頭，議長，副議長が選挙されるまで，事務総長が議長の
職務を行うことを規定した。このことが，事務総長を国会役員（憲 58 ①，
国 16）とする根拠になった訳であるが，注目すべきは，国会の発足時に，
事務総長が選挙（国 27）されるまでの間，帝国議会の衆貴書記官長を衆
参事務総長にそれぞれはめ込んだことにある（憲 103，国附④）。結節点
に帝国議会の書記官長を置くことで，帝国議会から国会への隙間のない
転換と継承を果たしたのである[3]。

(2)　憲法体制転換の在り方をめぐって ──「議院法伝統」の形成

　新憲法と帝国憲法との法的継続が GHQ（連合国最高司令官総司令部）に
よって支持され，帝国憲法の改正形式による「憲法改正草案要綱」が吉

2　貴族院の正副議長は候補者選挙を経ることなく勅任された（貴令 11）。
3　時系列の概略は下記のとおり。
　昭 21/1946. 10. 7 衆議院──帝国憲法改正案貴族院回付案同意（90 回議会）
　／ 10. 29 枢密院──帝国憲法改正案可決・成立／ 11. 3 日本国憲法公布／昭
　22/1947. 3. 19 衆議院──国会法案貴族院回付案同意（92 回議会）／ 3. 20 参・
　通常選挙公示／ 3. 31 暫定衆議院規則議決，衆議院解散・総選挙公示／ 4. 9
　枢密院──国会法案可決・成立／ 4. 20 参・通常選挙／ 4. 25 衆・総選挙（中
　選挙区・単記制）／ 4. 30 国会法公布／ 5. 3 日本国憲法施行，国会法施行（議
　院法廃止）／ 5. 6 国会召集詔書公布／ 5. 20 第 1 回国会召集／ 6. 28 衆議院規
　則，参議院規則をそれぞれ議決，暫定衆議院規則失効

第1節　憲法補則・国会法附則・暫定衆議院規則

田内閣から発表（1946. 3. 6）されても，その帝国憲法改正案をどのような構成の議会が審議するか，いわゆる憲法議会[4]をどのように構成するかは，なお大きな問題であった。その対応の検討には曲折があったのであるが，結局，完全な法的継続の確保に最も適した方法（最も簡易な方法）が採られた。これにより，既存の帝国議会が憲法附属法（宮澤 1978：16, 17, 大石 2014：10, 54-58）を議決することも可能になった。国民主権への根本的な転換があっても，そこでは，基本的人権，平和主義と衝突するものは別として，帝国憲法体制を構成する一コマ一コマの連続的転生が図られた。それは一億総懺悔的な転向の一面でもあり，国体の護持の一面でもあり，GHQ による間接統治（占領管理）の一面でもある。国会の誕生も，国会と内閣の関係性も当然その一コマである。象徴天皇制（憲法1章）が規定した国事行為と，この連続的転生との関係性は注目されるべきであろう。

　こうした憲法体制転換の在り方をめぐる力学の揺れと変化を，佐藤

4　(1)　90 回（特別）議会は 89 回（臨時）議会可決の改正衆議院議員選挙法（男女同権，選挙権・被選挙権の年齢引下げ，大選挙区，制限連記制等）による総選挙（1946. 4. 10）と勅選の学識者議員による貴族院の質的充実（欠員の補充）及び憲法改正担当大臣の任命によって，憲法議会としての体制が整えられた。なお，貴族院に関してはその前段として，本文 B ②「参議院（貴族院）に関する処置案」をめぐる記述を参照。
　(2)　背後には憲法改正問題の推移に加え，いわゆるポツダム命令に基づく公職追放という外科的措置がある（佐藤（達）1964：951-957 参照，5 章注 1(2) も参照）。以下はその概略。
　89 回（臨時）議会 1945. 12. 18 解散，翌日，GHQ により総選挙期日 1. 22 の閣議決定発表差止め，その後，1. 4 第 1 次公職追放の指令（「好ましからざる人物の公職よりの除去に関する覚書」，「ある種類の政党，協会その他の団体の廃止に関する覚書」），1. 22 総選挙期日延期指令（3. 15 より早くない時期），1. 30「衆議院議員ノ議員候補者タルベキ者ノ資格確認ニ関スル件」（昭 21 年内務省令 2 号）公布施行，2. 1 憲法問題調査委員会の憲法改正案のスクープ報道，2. 3 マ元帥民政局に憲法草案作成を指示・2. 10 完成，2. 28「就職禁止，退官，退職等ニ関スル件」（昭 21 年勅令 109 号）公布施行（2. 23「政党，協会其ノ他ノ団体ノ結成ノ禁止等ニ関スル件」（同年勅令 101 号）公布施行），3. 6「憲法改正草案要項」発表，3. 11 総選挙告示，4. 10 総選挙，4. 17「憲法改正草案」発表。

第4章　帝国議会から国会への隙間のない転換と継承

(達) 1994 は，マッカーサー草案 (1946. 2. 13)「第 11 章承認」(92 条)［此ノ憲法ハ国会カ出席議員 3 分ノ 2 ノ指命点呼ニ依リ之ヲ承認シタル時ニ於テ確立スヘシ　国会ノ承認ヲ得タルトキハ皇帝ハ此ノ憲法カ国民ノ至上法トシテ確立セラレタル旨ヲ人民ノ名ニ於テ直ニ宣布スヘシ］が，憲法改正草案要綱 (3. 6) 立案の過程で「別段，論議に上がることなしに葬られた結果とな」り，帝国憲法の改正形式によることが確定したことを，下記 A のように語っている (150 頁)。なお，マッカーサー草案の段階では，「国会」の一院制である。

A

　「はじめ私は，新憲法の定立について，明治憲法の改正の形によることは，新憲法によってすべてを根本的に一新しようという見地からいって，司令部側に相当な難色があるのではないか，そして，この第 11 章も，わけのわからない条文ではあるが，明治憲法との法的継続を否定する前提のもとに置かれたものにちがいない・と考えていたのであるが，後に，司令部側は，むしろ明治憲法との法的継続を支持する立場にあることを知って，案外な感じを抱いたのであった。この司令部側の立場は，後出「帝国憲法改正案」が第 90 回帝国議会に提出されたときの，"議会における討議の三原則[5]" に関するマ元帥声明の中に，第二の原則として，改正憲法について明治 22 年発布の現行憲法と完全な法的持続性が保障されるべきことが掲げられたことによって明らかにされたのであった。(中略)

　また，極東委員会の立場については，前出 The Department of State

―――――――――

5　国立国会図書館『日本国憲法の誕生』の解説は下記のとおり。
　「1946 (昭和 21) 年 6 月 21 日，マッカーサーは帝国議会での憲法審議に関して声明を発表し，「審議のための充分な時間と機会」，「明治憲法との法的持続性」が必要であり，新憲法が「国民の自由意思の表明」を示したものでなければならないと説いた。これら 3 つの原則は，極東委員会が 5 月 13 日に決定した「新憲法採択の諸原則」と同一内容のものであった。とくに「国民の自由意思の表明」については，ポツダム宣言の要請するところでもあり，極東委員会がマッカーサーに対し繰り返し強調していたものでもあった。マッカーサーはこの声明の中で，国民の自由意思による民主的な選挙を経て成立した現在の議会は，充分に民意を代表しており，憲法問題について「国民の意思を表明する資格を有する」と言明した。」

〈The Far Easten Commission〉, 1953 の第5章（その翻訳・土屋正三氏「日本の新憲法と極東委員会」〈レファレンス〉48号100ページ）に出ている。それは，1946年5月13日の〈Principles Governing The Machinary For The Adoption of A New Japanese Constitution〉（新日本憲法制定に関する諸基準）と題する極東委員会の政策決定の中に(b)として，「1889年の憲法から新憲法に至る完全なる法律上の連続線が確保されなければならないこと。」を掲げ，「(b)項は，日本の憲法学者や超国家主義者の団体が後に至って新憲法は外部から日本国民に押し付けられたものであり，それは法律上なんらの根拠なきものであり，従ってそれは無効と考えねばならぬものであるというようなことを主張するのを防止するために必要であると信じられた。」と述べている。この政策決定は〈民生局報告〉にも付録C・12として出ており，それが5月13日付でマ元帥に指令されたことになっている。かくして，これは前出・6月21日のマ元帥声明の内容となったことがわかる。」

　マッカーサー草案の一院制を改め，二院制を採る憲法改正草案要綱（1946. 3. 6）の補則は，現行103条に相応するものであるが，そこでは，同条中の「衆議院議員」が下記B①のとおり「両議院ノ議員」となっていた。その理由は，佐藤（達）1994が「その年の7月に貴族院の伯子男爵議員，9月及び10月に多額納税議員及び帝国学士院議員の任期が満了することとなっていたことと，それに，貴族院の機構はなるべく早く参議院に置き代らせたらどうかという考えもからまって，貴族院をどうするか，という問題があった。これについては，次のような案が研究された」(271, 272頁)とするところにある。その研究案が下記B②である。

B
① 憲法改正草案要綱中第95（補則）
　此ノ憲法施行ノ際現ニ存スル国務大臣，両議院ノ議員，裁判官其ノ他ノ公務員ハ此ノ憲法ノ条規ニ拘ラス後任者ノ選挙又ハ任命ニ至ル迄現行法令ノ定ムル所ニ従ヒ仍其ノ任ニ留マルモノトスルコト[6]

6　他に，国会の章中に「第60 衆議院ハ此ノ憲法ノ実施ノ日ヨリ参議院ノ正式ニ成立スル迄ノ間国会トシテノ権限ヲ行フモノトスルコト」とある。これはB②「参議院（貴族院）に関する処置案」の「第三案」に対応するものである。

第4章 帝国議会から国会への隙間のない転換と継承

② **参議院（貴族院）に関する処置案**

第一案 特別議会に新憲法と共に参議院法を提出す

貴族院制度を参議院制度に改める限度に於て新憲法の其の部分のみを先に施行す。（結局，現行憲法の貴族院に関する部分を一部改正し，新憲法の参議院を以って貴族院に代わると同一の結果を期待す）

a案 新憲法の両院関係の部分をも先に施行す。

議院法の全面的改正を要す。

b案 両院関係を除き，参議院の構成に関する部分のみを先に施行す。

議院法は小部分の改正を以って足る。

右の場合，第1回の参議院議員選挙に関する争訟は，衆議院議員選挙の例に依ることとすべきか。

第二案 特別議会に於て貴族院令を改正，新憲法に依る参議院に近き構成とし臨時議会に臨ましむ。

新憲法は全部同時に施行す。

第三案 新憲法中貴族院廃止に係る部分のみを先に施行して貴族院を解消す。

要綱第60を存置し之に依り参議院の成立する迄の間衆議院を以って国会の権限を行わしむ。〔注6参照〕

第四案 （臨時議会終了迄）貴族院議員の任期を延長〔す〕し臨時議会に臨ましむ

新憲法は全部を同時に施行す。

〔第五案 現行法令に従い，貴族院議員の改選を行う〕

この原案は，カーボンで複写してあるが，これに鉛筆で訂正追加がされている。傍線のところは消した部分であり，かっこの中は追加した部分である。

かくして，結局，当該議員の任期を延長することになって[7]，参議院議員選挙法を特別議会に提出することもなされなかった。

---

7 同272, 273頁の注は，貴族院の伯子男爵議員，多額納税議員，帝国学士院議員の任期延長について以下のように説明している。

「この任期延長は，二度行なわれている。はじめの延長は，昭和21年7月4日の勅令351号によって昭和22年2月10日までと定められた。この勅令案についての貴族院本会議における吉田首相の提案理由の説明は『……今議会に付議されました帝国憲法の改正が成立致しますれば，その施行と共に貴族

第1節　憲法補則・国会法附則・暫定衆議院規則

　以上により，憲法改正草案要綱の段階では，貴族院をどうするか，参議院をどのように立ち上げるかの研究は未決着で，その第95（補則）中の「両議院ノ議員」（B①）のうち，帝国議会衆議院とは別のもう一つの議院は空欄の状態にあった訳である。しかしその後，Aで示したような占領者の意向も恐らく補強材料として，B②の「第四案」が選択され，憲法議会は，総選挙を経た帝国議会衆議院と，任期延長が措置された既存の貴族院によって構成されることになった（以上とは別にポツダム命令による公職追放というGHQの直接統治的な切除があったことは注4⑵のとおり）。こうして，憲法改正草案口語化第二次草案（1946. 4. 13）の補則以降，憲法全体の同時施行とそれに伴う経過規定（現行100条から103条までと同様の規定）が置かれることになったのである。

　さて，帝国議会と国会の関係に眼を転ずれば，B②の第一案から第四案のどれを採っても，帝国議会から国会への法的連続性の確保が可能であることに変わりはないが，この「第四案」によって初めて，憲法，国会法，議院規則の三元体制による「議院法伝統[8]」のストレートな形成が可能になった。「第四案」のみが，この法的連続性の確保につ

院は廃止となるのであり，其の時期も左程遠いことではありませぬので，此の際是等議員の改選手続，勅任手続を行わず，任期の延長を為すを適当と考えた訳でございます。改正憲法は其の公布の日から起算して6箇月を経た日から施行するのでございますが，是等議員の任期は明年2月10日迄之を延長して置くことが適当と考えた次第であります……』というのであり，2月10日というのは，改正憲法施行の時期を大体そのころと予想してのものであった。その後，この改正憲法施行時期がおくれることがはっきりしたので，さらに，これを日本国憲法施行の前日まで延長する勅令が次の91回議会で貴族院の議決を経て施行されたのであった（昭21. 12. 21勅令612号）。」

8　⑴　大石2001：18は，「議院法伝統」を以下のように要約・定義する。
　「①議院手続準則は，憲法典・法律・議院規則という三種類の法源の中に見出されること，憲法・法律・議院規則という成文規則によって議事準則が規律されていること（三元体制），②両議院の組織・構成は大きく異なるのに，その議事運営は必ず足並みをそろえるべきだという考え方が強いこと，つまり，強い両議院同一準則観，その反面として弱い議院自律権の観念があること，そして，③成文化・法典化への著しい指向が認められること」
　⑵　帝国議会における先例の生成・蓄積には，上記①②③の集積である成文法典が持つ拘束力の反作用という一面があったと筆者は考える。

第4章　帝国議会から国会への隙間のない転換と継承

き，利便性，簡便性，徹底性，凝縮性をワン・パッケージで発揮できる
ものだったのである。「第四案」の採用は，その後，国会法案の立案作
業を担った帝国議会（特に衆議院，更には衆議院事務局）にとっても大きな
意味を持つことになった。当初，国会法の立案主体となることに消極
的であった[9]帝国議会衆議院が自らの手による立案・提出へと舵を切っ
たのは，「第四案」が採られることになったことの影響が大きいと考え
る。帝国議会衆議院は，帝国議会から国会への隙間のない転換と継承に
ついて，千載一遇とも言うべき大きなフリー・ハンドを手にしたのであ
る。その結果が，「議院法伝統」のストレートな形成に他ならない。

　次の(3)では，帝国議会によって行われた，仮想現実による隙間のない
転換と継承を明らかにする。他の3案ではそうはいかないことは歴然と
しているが，取り逃したものへの想像力は必要である。例えば，「第一
案」によって「参議院制度」あるいは「参議院の構成に関する部分」が
先行施行されることになれば，程度の差はあれ，今あるような「議院法
伝統」とは異なる成り立ちとかたちによって国会制度が構築されたはず
である。国会制度の立案・制定から現在に至るまでの推移は，こうした
ことも踏まえて分析されるべきものである。「議院法伝統」のストレー
トな形成が，不可視な政党政治の構造的枠組みをそのまま継承するもの
であったことを明らかにするが，このことの影響は統治構造の全体に及
び続けているはずのものである。参議院の政党化や衆議院との同質化の
背景にも，この隙間のない転換と継承の強い影響があったと筆者は考え
る。

9　(1)　この点につき，政府の「臨時法制調査会」及び衆議院「議院法規調査委
　員会」の設置経緯に関する論述（赤坂2004：18-23，ウィリアムズ2006：38-42
　参照）。なお，衆議院による提出は，91回（臨時）議会開会前，衆議院作成の
　国会法1次草案（1946. 10. 31）完成を踏まえ，衆議院議長から総理への通知
　により確定した（西澤1954：6参照）。
　　(2)　衆議院による提出となったこと等に対する貴族院の拒絶感について，国
　会法案（第一読会）佐々木惣一君の質問と国務大臣（植原悦二郎君）の答弁を
　参照（91回（臨時）昭21. 12. 22貴議事速記録9号108, 109頁参照）。
　　(3)　両議院関係規定をめぐる，その後の貴族院の反発，国会となってからの
　衆参の対立，会期をめぐる対立について，白井2013 III章－11, 3参照。

第1節　憲法補則・国会法附則・暫定衆議院規則

　更に付言すれば，この手法によって，参議院の具体的な発足が衆議院に依存したものになったこと，このことが憲法上の衆議院の優越とも相まって，衆議院，貴族院の双方，更には，衆議院，参議院の双方に，アンビヴァレントな感情を生んだであろうことは想像に難くない。国会法案が衆議院提出となったこと等に対する，当該法案審査に当たっての貴族院の拒絶感だけではなく，両議院関係規定をめぐる貴族院の反発，更には，憲法・国会法上の両議院関係規定や会期決定をめぐる衆参両院間の意見の相違や対立にも，そうした感情の襞が影を落とした部分があったと考える（注9(2)(3)参照）。

(3)　仮想現実による隙間のない転換

　さて，上記「第四案」採用による憲法全体の同時施行（憲100①）がもたらす，新たな衆議院議員の総選挙と参議院議員の通常選挙を経て，国会がスタートするという絶対感覚的な必然にあって，憲法補則中の二つの経過規定——「この憲法施行の際，参議院がまだ成立していないときは，その成立するまでの間，衆議院は，国会としての権限を行ふ」（憲101），「この憲法施行の際現に在職する国務大臣，衆議院議員及び裁判官並びにその他の公務員で，その地位に相応する地位がこの憲法で定められている者は，法律で特別の定をした場合をのぞいては，この憲法施行のため，当然にはその地位を失ふことはない。但し，この憲法によって，後任者が選挙又は任命されたときは，当然その地位を失ふ」（憲103），——は，憲法施行の時点で，憲法議会を構成した帝国議会衆議院の解散と参議院の通常選挙が両方とも行われていない場合には，解散までの間，その帝国議会衆議院が，国会としての権限を行うことを可能にする。

　このことは，衆議院の法的連続に依拠した仮想現実（ヴァーチャルな拡張現実）に過ぎないが，行政部門，司法部門と異なり，国会は議員の総選挙，通常選挙を挟む故に，隙間のない転換のためにはこの仮想現実が不可欠であった[10]。上記の両規定は，帝国議会がこの仮想現実に則する

第4章　帝国議会から国会への隙間のない転換と継承

憲法附属法の制定を可能にしたのである。それが国会法（附則）であり，更には，この国会法附則を踏まえて議決された暫定衆議院規則である。

　国会法附則3項［この法律施行の際現に在職する衆議院の議長及び副議長は，この法律により衆議院の議長及び副議長が選挙されるまで，その地位にあるものとする］は，上記の憲法103条［この憲法施行の際現に在職する……衆議院議員……は，この憲法施行のため，当然にはその地位を失ふことはない］に拠るもので，また，「各議院ノ議長副議長ハ任期満限ニ達スルモ後任者ノ勅任セラルルマテハ仍其ノ職務ヲ継続スヘシ」（旧議15）をなぞった規定でもあるが，この国会法附則3項は，同4項［この法律施行の際現に在職する衆議院及び貴族院の書記官長は，この法律により衆議院及び参議院の事務総長が選挙されるまで，夫々事務総長としての地位にあるものとする］を導くためだけに置かれたものである。帝国議会衆議院の正副議長がともに存在して新たに正副議長が選挙されるまでその地位にあるという前提を置かない限り，同じ帝国議会衆議院の書記官長を事務総長としての地位にあると規定することは不可能だからである。そして実際には，帝国議会衆議院の解散という現実が正副議長の存在を消し，憲法103条［……公務員で，その地位に相応する地位がこの憲法で定められている者は，……，この憲法施行のため，当然にはその地位を失ふことはない］に拠り，書記官長の地位に相応する地位が憲法に定められている国会の役員（憲58，国16）として，衆議院書記官長（衆議院事務総長）が国会発足冒頭の正副議長選挙主宰者（国附④，国6，7）の地位を獲得し[11]，連動

10　ただし，佐藤1984：1301-1308，宮沢1978：823-826は，行政，司法部門と区別せず，結果論的な解釈を行っている。例えば，佐藤1984は，憲法101条につき「……参議院議員選挙法の制定およびそれに基づく選挙などが何らかの事情のために遅れることがあるかも知れないことを考慮して設けられた……。……ただし，実際においては，この憲法施行前に参議院が成立したので，本条の適用はみられなかった」（1304頁）とし，同103条につき「この憲法施行の際衆議院議員であった者（昭和22年4月の総選挙によりその地位に在った）がその地位を失ったのは，第4回国会における衆議院の解散によってであって，その結果としての総選挙によって『後任者が選挙されたとき』ではない……」（1308頁）としている。

11　90回（特別）議会の議院成立集会に先立つ各派交渉会に，尾崎行雄君から，

94

第1節　憲法補則・国会法附則・暫定衆議院規則

して，衆議院書記官長と同格・同様の地位にある貴族院書記官長も，参議院事務総長として正副議長の選挙を主宰する体制が調えられたのである（国附④，国6，7）。

ところで，内閣法制局の「憲法改正草案に関する想定問答・同逐条説明1946年4月〜6月」では，現行の憲法103条に関する問（新憲法で相応する地位を認められていない公務員の例如何）の答として，枢密院議員等とともに「貴族院書記官長」を例示している。その後，国会法附則4項では，既に述べたように「貴族院書記官長」を含め規定しているので，途中，憲法103条につき解釈変更があったことは明白である。これは，憲法補則中国会に関するものの実質的な解釈権が，内閣法制局を離れ，国会法案の立案者（帝国議会衆議院，特に衆議院事務局）に移ったことの反映であろう。憲法補則の通説的な解釈（注10）が，目立つことのなく規定され，審議の場で議論の対象となることなく早々に役目を終えた国会法附則を反映せず，意味のない結果論的なものとなっているのもその故であろう。

実際の解散当日（時系列は注2参照），帝国議会衆議院が議決した暫定衆議院規則（次節(1)参照）は，国会発足冒頭の正副議長選挙に関する衆貴両書記官長（衆参両事務総長）の権限[12]等を具体的に規定するものであり，

議長，副議長各候補者選挙の書記官長主宰を止めるべきであると申入れがあった。他でもない長老議員の申入れであるので，敬意をもって動議として扱い，成立集会の冒頭，尾崎君の発言を認めた。その場で同議員は，新たな時代に相応しい選挙手続を議員全員で協議すべき旨を主張した。選挙手続を改めるとすれば，年長議員が議長の職務を行うべきということに落ち着くはずであるが，長老議員はそこまで明快に語っていない。この動議は，いったん起立少数で否決と宣告され，異議の申立てを経て記名採決の結果，賛成217，反対228で否決された（昭21/1946. 5. 16衆成立集会議事速記録1-5頁参照。『各派交渉会史料』も参照）。この動議の否決が，本文で示したような，帝国議会と国会との架橋の制度設計に間接的なお墨付きを与えることとなった。

12　国会役員中正副議長の選任に関してのみ，議長（議長職務執行者を含む）への委任規定がない背景には，本節でここまで分析したような国会発足時の経緯によって，総選挙後あるいは（正副議長がともにいない）通常選挙後の正副議長選挙の議長職務執行者に，非議員である事務総長を充てたこと（国6，7）の影響があると考える。正副議長選任の委任まで規定することは，非議員であ

第4章 帝国議会から国会への隙間のない転換と継承

上記の仕組みの画竜点睛でもあった。その後，この暫定衆議院規則の規定は役目を終え，衆参各議院規則の議決によって，各議院規則に継承され，そこに溶け込んだのである。以上を踏まえ，次節では，帝国議会の規範の転換と継承の仕組みとその体系を明らかにする。

第2節　帝国議会の規範の転換と継承

(1)　普遍的な議院規則の継承

前節は，国会の成り立ちのうち衆参両院の物理的なスタート（転換と継承）に関する事柄であるが，ここでは，物理的なスタートと一体不可分な，運営規範の成り立ち（転換と継承）について整理する。前節で述べたように，憲法議会を構成した帝国議会衆議院が，間接的に参議院成立当初の議院規則を定めることも可能となった。

憲法補則（101条）を根拠とする国会法附則5項[13]［参議院成立当初における参議院の会議その他の手続及び内部の規律に関しては，参議院において規則を定めるまでは，衆議院規則の例による］中下線を付した「衆議院規則」は，後追いで「暫定衆議院規則」によって具体化される手筈になっていた。解散の日に議決された暫定衆議院規則は，既に述べた衆参各事務総長（衆貴各書記官長）主宰による正副議長選挙，総理指名手続その他，国会の発足に必須の議事を規定する本則に加え，帝国議会の旧衆議院規則のうち「日本国憲法，国会法及びこの暫定衆議院規則に反しない規定は新たに衆議院規則が議決されるまでその効力を有する」（暫衆規附②）と規定したところである。そして，1回国会途中にそれぞれ議決した「衆議院規則」と「参議院規則」には，この「暫定衆議院規

る事務総長の権限を踰えると理解されたはずである。

13　この5項の規定は，2項の議院法の廃止規定とともに国会法第3次草案（1946.12.1）から置かれている。他の附則については2次草案（1946.11.21）から置かれており（駒崎2015：153），附則についても，段階的に検討が進められたことが窺われる。

第 2 節　帝国議会の規範の転換と継承

則」本則と，旧両議院規則共通の「日本国憲法，国会法及びこの暫定衆議院規則に反しない規定」が，ほとんどそのまま継承されたのである。

(2)　普遍的な先例等の継承

　先例等についても同様の手法が用いられた。衆議院先例集は，戦後初の昭和 30 年版以降最新の平成 29 年版に至るまで一貫して，「第 1 回（特別）国会召集日前の昭和 22 年 5 月 16 日の各派交渉会において，帝国議会当時における先例の効力に関して協議した結果，新しい国会においても憲法，国会法の精神に違反しないものについては，なお効力を有することに決定し，第 1 回国会以来，この決定に準拠している」（衆先 511）としているが，実際の決定は「いまだ詳しいものが何もないので，この議会中，帝国議会における先例等で憲法と国会法の精神に反しないものはそのまま有効として取り扱っていく」（白井 2013：7）というものであった。

　この決定はまさに前出の暫定衆議院規則附則 2 項と同一手法によるものであり，また，この決定と帝国議会の先例との関係，更には国会（衆議院）の先例全体との関係[14]は，紛れもなく，暫定衆議院規則附則 2 項と「旧衆議院規則」との関係，更には「衆議院規則」との関係と同一である。この共通の枠組みにより，「旧衆議院規則」のうち「日本国憲法，

14　先例集冒頭「例言」中の「一，帝国議会における先例で重要と認められるもので，しかも憲法と国会法の精神に反しないものは，これを集録した」は，こうした先例集の歴史的背景を言外に示している。なお，本文で引用した各派交渉会の決定に「先例等」とあるとおり，衆議院先例集が「先例等」を網羅しきっている訳でないことには注意が必要である。政党会派が能動主体あるいは内閣が能動主体となる慣例の中には，下記の例示のように掲載に至っていないものがある。
　・政党会派との関係：政党会派による発言の通告や動議の提出（白井 2017：127, 128），議員提出議案の機関承認（3 章注 12(3)）。
　・内閣との関係：（いずれも官房長官あるいは副長官が議運理事会に出席・説明）国会召集閣議の事前報告，提出予定議案の説明（白井 2013：210），大臣の海外出張（開会中）。

97

第 4 章　帝国議会から国会への隙間のない転換と継承

国会法及びこの暫定衆議院規則に反しないもの」，旧先例等のうち「憲法と国会法の精神に反しないもの」，以上一体として，継承すべきものはすべて継承したのである。

　参議院の先例もこの枠組みの中にあることに変わりはない。暫定衆議院規則を媒体とした参議院規則の成り立ちについては前号で触れたとおりであるが，旧貴族院規則と旧衆議院規則の同質性，そして，貴族院の先例と旧衆議院の先例との同質性については既に明らかにした。いずれにせよ，参議院についても，貴族院と参議院の表層的断絶に目を奪われてしまうことは適切でない。参議院がその発足時に打ち立てた審議システムは，衆議院と同様といっても過言ではないものとなった。そのことが，参議院の政党化や，衆議院との同質化に与えた影響は小さくはない。そのことも本書の考察によって明らかになっているはずである。

　憲法が規定した国会の基本原則と基本制度，国会法が憲法を踏まえて規定した制度，このような体系によって規定された国会制度をどのように運営するか。議院の自律権（憲 58）に根拠を置く運営準則（議院規則と先例）はどのようなものによって構成されたのであろうか。転換と継承という観点から見れば，議院規則は，①新たな制度に対応するための新たな規定，②新たな制度に対応するために調整された規定，③「日本国憲法，国会法及びこの暫定衆議院規則に反しないもの」として継承された規定，以上の三つに分類できよう。そして先例については，③に関わるものはすべて「憲法と国会法の精神に反しない」ものとして継承され，また，②についても調整の上継承された，と分類できよう。

　以上のような制度運用規範の転換と継承をめぐる関係によって，議院規則と先例は，国会法が議院法から継承したもの[15]より遥かに多くのものを継承した。とりわけ，議員あるいは委員の質疑応答その他の発言に関するものは，2 章，3 章で取り上げた読会制度に関わる規定（旧衆規 113・旧貴規 94，旧衆規 93 ②）を除き，当然そこにあるものとして，まるまる継承したといっても過言ではない。なお，「委員は，議題について，

　15　国会法が継承した最大・最重要のものは，「議院法伝統」（注 8）を形成する中核の法となったことそのものにある。

98

第2節　帝国議会の規範の転換と継承

自由に質疑し及び意見を述べることができる」（衆規45①，参規42①）は，本会議の「議員ハ同一議題ニ付発言2回ニ及フコトヲ得ス但シ質疑応答ハ此ノ限ニ在ラス」（旧衆規113・旧貴規94）の不継承との均衡上，「委員ハ委員会ニ於テ同一事件ニ付幾回タリトモ発言スルコトヲ得」（旧衆規28・旧貴規17）を表現し直したものであろう（3章注9参照）。

　質疑応答をめぐる先例（と付随的な議院規則の関係）の解明が本書の大きなテーマであるが，この帝国議会から継承した質疑応答をめぐる先例こそが，国会法がその骨格（外部システム）を定めた審議システムの内面（内部システム）に他ならない。新たな骨格と継承した内面が揃って初めて，国会の審議システムの全体像を把握できる訳である。国会法レベルの外部システムに偏った既存の考察とは異なり，本書が注力したのは，この「審議システム」の全体像の把握である。

(3)　普遍的な議院の運営準則の枠組みの継承
　　──実定制度規範と先例による規範の枠組み

　ここまで述べてきたように，国会をめぐる新たな憲法体制は，憲法・国会法・議院規則による実定制度規範の体系と不文の先例の複合体として構成された。これは，帝国憲法・議院法・議院規則による実定制度規範の体系と，その運用の過程で生成・蓄積した不文の先例との枠組みをそのまま継承したものである。新たな国会制度は，まさにこの枠組み，特に議院規則と先例の枠組みによって，新たな実定制度の影響を受けることなく，構築された帝国議会審議の内部システムを当然にそこにあるものとして継承したのである。新たに誕生した参議院も，同じ枠組みの中で，既に述べたように暫定衆議院規則によって組み込まれた旧衆議院規則を橋渡しとして，衆議院と同様の審議システムを構築したのである。

　以上のような実定制度規範と不文の先例による規範の枠組みの継承に，「議院法伝統」形成の統治構造上の核心があると筆者は考える。常任委員会制度その他，審議の骨格（外部システム）のモジュール交換とその強化を担った国会法制定のダイナミズムとは比較にならない，普遍的な議

第4章　帝国議会から国会への隙間のない転換と継承

院規則と普遍的な先例の継承，更には実定制度規範と先例による規範の枠組みの継承に横たわるダイナミズムの欠如——変わらず受け継いだもの——の中には，統治構造の全体に関わる岩盤が隠れていると考える。憲法体制の転換を経験したわが国の統治構造を考察する場合，「なにを変えなかったのか。なぜ変えなかったのか。なぜその後も変わらないのか」の分析は，「なぜ変えたのか。どのように変えたのか。それをどのように運用してきたのか。それをどのように変革してきたのか」の分析と同様に意義があると考える。寧ろ，双方の分析が融合すべきものと考える。

(4)　「質疑応答の構造」の継承と「政党政治の法構造」の再起動

　前章では，超然とした政府との上下関係が明確な明治議院規則の自立的・自足的な立法協賛機関の審議システムが，その外形を維持したまま，大正期末までに，先例の生成・蓄積——「政党会派（と政府）による質疑応答の分断・囲込み」——を鍵としてそれぞれ造られた，①政府と政党会派の関係性に特化した審議システムと，この審議システムを動かす政党会派間の協議による自律的運営，②審議の外における，政党会派と政府の関係（特に過半数政党と政府の事前の融合），③同じく審議の外における，政党会派内の関係（所属議員の管理・統制），以上，三つの枠組みが連動して作用し合う三位一体の「質疑応答の構造」ができあがったこと，そして，この「質疑応答の構造」が，統治に関わる実定制度と不可視な共棲を果たしたことを明らかにした。「政党政治の法構造」という政党政治の運用システムである。

　この法構造が，政府と立法協賛機関との関係を律した旧憲法体制の枠組みと同じ，憲法・国会法・議院規則と普遍的な不文の先例の関係をとおして，そのまま議院内閣制[16]に組み込まれたのである。コンピュータ

16　(1)　議院内閣制そのものが憲法上の制度となった。そこでは，憲66③，70条の他，主権者天皇の行為を象徴天皇の行為（国事行為）に置き換えることとセットで，政党内閣制（憲政の常道）の政治慣行がいわば定量化され，制度化

第 3 節　議院内閣制の運用をめぐる無意識

に例えれば，応用ソフトの入れ替えはあっても，基本ソフトの入れ替え
は行われなかったということになろうか。「議院法伝統」の形成がもた
らした「質疑応答の構造」の継承は，「政党政治の法構造」という，政
党政治の運用システムの再起動の営為でもあった訳である。

第 3 節　議院内閣制の運用をめぐる無意識

(1)　旧憲法 54 条から憲法 63 条へ

憲法 63 条は「内閣総理大臣その他の国務大臣は，両議院の一に議席
を有すると有しないとにかかはらず，何時でも議案について発言するた
め議院に出席することができる。又，答弁又は説明のため出席を求めら
れたときは，出席しなければならない」と規定する。国会の章にありな
がら，内閣側の出席権限を先に置く違和感を伴う規定であるが[17]，ここ

　された（憲 67, 68, 69）。
　(2)　マッカーサー草案において国会（一院制）の章にあった総理の指名（憲
　67）と内閣不信任決議可決の場合の解散と総辞職（憲 69）が，日本側によっ
　て内閣の章に移されたのは，政党内閣制の制度化を主眼とするのであれば当然
　のことであろう。
　(3)　上記，内閣の章への移動と憲 69 条そのものの規定ぶりによって，それが
　「制限的意味での解散権の根拠規定」ではないことも示すこととなった（佐藤
　（達）1994：83, 85）。ちなみに，マッカーサー草案 57 条は下記のとおりである
　が，「——ことにその前段と後段をつないで読むと——，それが解散権の根拠規
　定のつもりで書かれたものと見られないこともない」と同書はしている。
　「［前段］内閣ハ国会カ全議員ノ多数決ヲ以テ不信任案ノ決議ヲ通過シタル後
　又ハ信任案ヲ通過セサリシ後 10 日以内ニ辞職シ又ハ解散ヲ命スヘシ［後段］
　国会カ解散ヲ命セラレタルトキハ解散ノ日ヨリ 30 日ヨリ少カラス 40 日ヲ超
　エサル期間内ニ特別選挙ヲ行フヘシ新タニ選挙セラレタル国会ハ選挙ノ日ヨ
　リ 30 日以内ニ之ヲ召集スヘシ」
　(4)　独立回復後最初の解散（抜き打ち解散（14 回昭 27/1952. 8. 28））以降
　のいわゆる 7 条解散は，象徴天皇の国事行為によって，帝国議会発足以来の旧
　憲法 7 条（勅命による解散）の運用を継ぐものでもある。5 章 2 節参照。
17　大石 2014：141 によれば，「憲法 63 条が国務大臣を主語として，その議院出
　席権を先に述べるのは，『国会』章の条文のあり方として拙劣と言わざるを得

第4章　帝国議会から国会への隙間のない転換と継承

に，その歴史性を読み取ることができよう。

同条前段の「何時でも議案について発言するため議院に出席することができる」は，憲法72条の「内閣総理大臣は，内閣を代表して議案を国会に提出し」に対応する表現であるが，同条が続いて規定する「一般国務及び外交関係について国会に報告」するため議院に出席し発言することを当然に含むものと理解される（宮澤1978：484）。63条前段は，議院への出席・発言の包括的な判断権が政府の側にあるという意味において，旧憲法54条［国務大臣及政府委員[18]ハ何時タリトモ各議院ニ出席シ及発言スルコトヲ得］と変わるところがない。

一方で，憲法63条前段は，その後段と均衡する関係にある。後段は，前段の「何時でも……出席することができる」と法的に対称な，（院議による）議院の出席要求への対応義務を規定しているが，旧憲法54条と緊張関係を保ちつつ，政府と議会（政党会派）が積極的に向き合うものとして，一歩ずつ形成された帝国議会の先例の到達点を背景に持つものである。議院の要求（議決）による出席の先例を起点として，議院の要求（議決によらない）による出席，（政党会派による質疑者の通告中の）議員個々の答弁要求に基づく出席，こうした先例が，政党政治伸張の過程でそれぞれ生成・蓄積し，制度として今に繋がっている（摘録2−1〜2′, 3章1節(3)）。例えば，旧憲法54条による一方的なものとして行われた国務大臣の演説（一般国務及び外交関係についての報告）が，その演説に対する質疑と一体のものとなるまでに要した時間と経緯（3章7節(1)）は，憲法63条，72条の解釈においても念頭に置かれるべきものである。この

ない。これは，実は，総司令部の原案において『行政府』部分にあったものが，無反省に『国会』章に移されたという憲法制定事情に由来している」。同160頁も参照。

18　議院内閣制が憲法上の制度となったことに伴い，帝国議会との関係において「政府」の一翼を担ってきた「政府委員」は，当然に憲法上から消えたのであるが，国会法により，議長の承認を得て国務大臣を補佐する「政府委員」を任命することができるとされた（国旧69）。ただし，このことによって，政府委員が国会審議において果たす役割が帝国議会のそれと本質的に異なるものとなった訳ではなかった。終章注7参照。

第3節　議院内閣制の運用をめぐる無意識

ような歴史的背景を持ち，憲法 63 条は，前段・後段全体として，「相互交渉・抑制の関係」（佐藤 1984：799）を置く，議院内閣制の基本的な運用規範となっている訳である。

　更に言えば，もともと超然主義の基本的な運用規範であった旧憲法54 条と，超然主義を具体化したはずであった議院法・議院規則の審議システムは，前章で見てきたようにその外形を残したまま，質疑応答をめぐる先例の生成と蓄積によって，「政党会派（と政府）による質疑応答の分断・囲込み」を鍵とする，「政党会派による審議システム」に置き換えられていったのである。前章では，この質疑応答をめぐる先例の体系が，議院法・議院規則と倒立した関係にあることも既に見てきた。上述した旧憲法 54 条と緊張関係を保ちつつ生成した先例は「政党会派による審議システム」の一端に他ならないのである

　議院内閣制の基本的な運用規範となった憲法 63 条は，議院と内閣の「相互交渉・抑制の関係」として，先例の一端（議院の要求による大臣の出席義務）を明記したのであるが，本章で見たような「議院法伝統」の形成に付随して，帝国議会の質疑応答をめぐる先例の体系が，「相互交渉・抑制の関係」を置く議院内閣制の具体的な運用規範の体系として，そのまま継承されたのである。帝国議会と同様に，国会の質疑応答をめぐる先例の体系は，国会法・議院規則の体系と倒立した関係にある。政党内閣制の定量化（注 16(1)）には収まらない憲法 63 条が持つこのような色濃い歴史性は，これまで問われてこなかった。「日本の憲法学においては『会派』の位置づけに関する議論がそもそも不足」してきたとの指摘[19]は，憲法 63 条の解釈とも通底するものであろう。ここには，「質疑応答の構造」という，議院内閣制の運用をめぐる大きな無意識が潜んでいるのである。

19　村西 2018.5：30。「議会少数派権」を論ずる中での指摘であるが，この「『会派』の位置づけ」とは，つまるところ「会派」と表現される「政党」の動態（序章 2 節(3)）そのものの位置づけであろう。

第 4 章　帝国議会から国会への隙間のない転換と継承

(2)　憲法 41 条との関係

　憲法 41 条前段の「国権の最高機関」が，早期に政治的美称として解釈され（浅井 1948 : 123），通説の地位を占めたのは，新たな憲法体制が，政党政治の法制上の再編・取戻し，政党政治の法制上の普遍化として無意識，かつ，当然のものとして，旧憲法の分立体制の中で形成された不可視な「質疑応答の構造」を，新たな権力分立体制に継承したことの証左でもあろう。議院内閣制の具体的な運用規範の体系は予め組み込まれていたのである。「質疑応答の構造」は，与党であれ野党であれ，政府との関係に依存した構造に他ならない。同条後段の「国の唯一の立法機関」が，政治的美称として解釈されることはあり得ないが，「国の唯一の立法機関」の制度化と解釈，更には制度運用の前提にあるものは，最高機関性のそれと同様に，不可視な「質疑応答の構造」である。国権の最高機関性を具現するはずであった新たな国会制度は，やがて，一様に「質疑応答の構造」に強く拘束され，その外形とは別に変容を遂げ，縮小均衡の道を辿っていくのである。

第5章

国会制度と「質疑応答の構造」
── 「政党政治の法構造」作動の時代（2）

第1節　被占領時代

　新たな憲法体制の上に立ち，国政運営の全般についてその統合機能を外から果たしたのがGHQ（連合国最高司令官総司令部）である。強く機能したのが審議の外にあるGHQの事前承認ということになる[1]。占領期において，政府が，重要政策の立案とその具体化，なかんずく，予算案，法律案につき事前の了解を必要とした相手は，何にも増してGHQであった。議員立法，閣法の修正，決議についても同様である。その間

---

[1]　(1)　GHQの事前承認について，黒沢／奥，河野編2015：58, 59，鈴木2016：117-119参照。
　　(2)　GHQの指令を受けた政府が一定の法的措置をとる根拠法として帝国憲法8条1項に基づく緊急勅令（1945. 9. 20勅令542号，いわゆるポツダム緊急勅令）が制定されている（89回議会，貴衆両院は同条2項に基づき事後承認）（杉原編執筆古川2008：331参照）。この勅令に基づくポツダム命令体系によって，GHQが帝国憲法体制転換の妨げになると判断するものに対する直接統治的外科措置が行われた。4章注4(2)はその典型例である。
　　(3)　出口2016：47は，ポツダム命令には「その広範な委任という態様に加え，委任内容としても新旧の憲法秩序と明確に矛盾する内容が含まれていた。戦後の憲法裁判所が『超憲法的』なものとして合憲であったと判示するこのような特異な法体系の存在を前提とすると，占領管理のもとでは，大日本帝国憲法は勿論，日本国憲法も『最高法規』ではなく，管理法令の一種であったと理解することもできる。その場合，1951年9月に締結されたサンフランシスコ講和条約が翌1952年4月に発効したことで，完全な国法体系が備わったということになる」としている。帝国憲法体制の隙間のない転換と継承，さらにはその後の背景にあった「占領管理」を見逃すことはできない。

第 5 章　国会制度と「質疑応答の構造」

接的な証拠は，衆参両院の本会議，委員会，更には，両院協議会，両院
法規委員会（国旧 99-102），常任委員会合同審査会（国 44）を問わず，ま
た，議員，国務大臣，政府委員といった発言者の立場を問わず，「関係
方面」という表現によって会議録上に大量に堆積している（その数は，白
井 2017：164, 165）。「関係方面」とは，90 回（特別）議会の衆議院各派
交渉会決定[2]（昭 21/1946. 6. 24）に基づいて使用された，GHQ を指すオ
フィシャルな自制的隠語である。いずれにせよ占領期をとおし一貫して，
「質疑応答の構造」は GHQ によって補完され，規制されていたのである。
そうした中で，GHQ が，新たな憲法体制の構築や運用に関わり，国会
の審議にも日常的に関わって，新たな憲法体制の守護者あるいは重石と
して作用したことは間違いない（国会になって「関係方面」の増加が顕著なの
は，立法の増加だけではなく，制度運用の要素も加わっている故である）。また逆
に，政府，政党を問わず，GHQ の意向（その変質とは別に）を盾に，利
用できるものは利用したことも間違いないであろう。占領後期にあって
は，GHQ の意向の変質とともに，その傾向が強まったであろうことも
推測できよう。

　　ここでは，GHQ の国会審議への直接的な関わりの一例として，徹夜
国会の端緒を開き，帝国議会とは異なるその後の延会の先例（衆先 226）
への端緒を開いた 2 回国会（芦田内閣）の事例を挙げておく。延会には，

---

2 （1）「大池書記官長　この前申したがマ最高司令部から出版遵則に関する覚
書［SCAPIN-33：昭 20/1945. 9. 19］というのが来ている。その内第 4 項に進
駐連合軍に対し破壊的なる批判を加えまたは同軍に対し不信もしくは怨恨を招
来するがごとき事項を掲載するなとある。不信を招来するようなというのはど
の程度のものをいうのか認定が困難であるが，なるべくマ司令部というような
言葉は避けて『関係方面』というような言葉でお願いしたい。万一そう言われ
ても私の方で字句の修正をするからあしからずご了承願いたい。」（『各派交渉
会史料』）
　　（2）　上記のいわゆるプレスコードにより，会議録は，議長あるいは委員長に
よる措置宣告の有無に関わらず，GHQ による事前検閲の対象となったのであ
るが（山崎 1988：19-21），大池書記官長の発言は，自制圧力の強さを物語る
ものでもある。なお，「関係方面」への着目は，大石眞教授の「各派交渉会と
議院運営委員会」に関する研究報告（憲法史研究会：2014. 3）を踏まえた。

106

第1節　被占領時代

翌日の本会議（通常13時，要すれば9時か10時：旧衆規75，昭17版衆先245）に議事を延ばす以上の意味はなかったものである（昭17版衆先250，同568事例参照）。（2回国会は，6.4総予算提出：6月分まで暫定予算計5回）

　昭23.7.2

　＊本会議①（16：08〜17：11休憩）総予算内閣修正承諾，②（20：09〜22：07休憩）諸法案処理

　＊予算委　総予算否決（22：58散会）

　＊各派交渉会[3]（各派交渉会記録参照）

　　議長が，GHQの厳命を受けてのものとして下記③の本会議を提案。野党は，不可能と反論するも決定（23：30）

　＊本会議③（23：51〜52）

　　明日午前零時10分より本会議を開くこととし，本日はこれにて散会する旨の議事進行係の動議を可決，議事日程朗読（総予算）

　翌3日の本会議

　　1回目は開会即休憩，②総予算可決，休憩（01：09〜04：47），③諸法案処理（19：02〜22：43）

　　2回目の再開冒頭，野党議員の異議に対して松岡議長答弁[4]。

　　　　　　　　　　（7.4参議院総予算可決・成立，7.5会期終了）

3　各派交渉会は，同国会終了日（7.5）の改正国会法成立（旧55の2：議運小委員を規定）に伴い幕を閉じた。衆先143，白井2013：10-12，3節(2) i 参照。

4　(1)「〇松岡議長　……本日の本会議は従来になき異例なものではあるが，御承知の通りに7月からは予算が成立いたしておりませんので，……。本院の各党派におきましては，本年度の予算を，昨日中にもその審議を了したかつたのでありますが，しかるにかかわらず，時間の関係上，それが……（発言する者多し）不可能な状態になりましたので，議員各位は特別に勉強して，本日午前零時10分より本年度本予算を審議すべしとの動議が出ましたから，議長はこの動議を院議に諮りましたところ，そのように可決されました。……」（衆本会議録77号1頁）。GHQの厳命を受けたとする各派交渉会との落差は明白である。

　(2)　なお，3回国会の会期末（23.11.29/30）の本会議もGHQの指示により，同趣旨の措置がとられた（西澤1954：61-63，衆議運委会議録28号3頁，同29号1頁参照）。動議によらず議長宣告によって行われており，衆先226の嚆矢となった。

107

第5章　国会制度と「質疑応答の構造」

第2節　独立回復後

13回国会は，その途中，隠語的用法としての特別な「関係方面」が過去形となり，一般的用法に回帰したように，占領体制からその後への見え難い分水嶺である。同国会の，衆議院議院運営委員会における不穏当発言の取扱いに関する決定[5]（昭27/1952.5.8）は，サンフランシスコ平和条約（昭26.9.8署名，翌27.4.28発効）による独立回復直後に，占領下GHQとの関係性によりこれまで自制として取ってきた措置（注2(1)）としてではなく，戦前から取ってきた措置として行うものであることを確認したものである。

　独立回復に伴うリバランスは当然に，政党内閣瓦解以降ここに至るまで，弛緩し，あるいは，制約を受けてきた「質疑応答の構造」に及んだ。同じく13回国会，自由党が始めた与党事前審査（奥2014：50-53）と議員提出議案の機関承認（川人2005：185, 186）は，与党と政府の融合と与党内の管理・統制の一元的な強化を物語るものであるが，独立回復後の政党政治の方向性，「質疑応答の構造」への本格的な回帰を告げるものであった。GHQの指示に従った69条解散（「なれあい解散」4回昭23.12.23第2次吉田内閣）から，独立回復から程ない7条解散（「抜き打ち解散」14回27.8.8第3次吉田内閣）への転換が，政府と政党会派の関係の最大のリバランスであったことも言うまでもないであろう（4章注16参照）。

　13回国会には国会法の改正協議も始まった。そこでは当然，常任委員会制度[6]がリバランスの俎上にのぼるが，「抜き打ち解散」，更には「バカヤロー解散」（昭28.3.14）以降の，対立・分裂に至る自由党，もう

---

5 「○岩本副議長　……速記録を調べ，不穏当と認めた発言については，議長としては次の会議で取消しを勧告するなり，取消しを命じて削除するのが正式であるかとも存じますが，一々その箇所を指摘することの煩もあり，また漏れることもあり，速記録発行の遅れることもありますので，従来の例の通り，議長の手元で不穏当と認めた言辞を削除したいと考えております。……」（衆議運委会議録44号1頁）。衆先281参照。
6 常任委員会制度の見直し全般について，岡崎/奥，河野編2016参照。

108

第 2 節　独立回復後

一つの保守政党（改進党→日本民主党），分裂した社会党といった，錯綜した政党状況のパワーバランスが，3 度にわたる総予算の修正（昭和 28-30年度予算），議員立法（予算法案）の増加を産み，政府の政策立案とその遂行に大きな影響をもたらした。そして，政党が保革ともそれぞれ統合に向かう中で，国会法の改正は「自粛」——常任委員会制度運用の自己拘束——に向かい，22 回国会にはその象徴として，議員の議案・修正案提出に対する賛成者要件の付加（国 56 ①等の改正，旧議 29 の復活・強化）として結実した（22 回国会，昭 30/1955 法 3 号）。これは，独立回復後の政党会派と政府の関係に関する実定制度の整理であるが，政党会派における議案提出の機関承認体制の強化，更には，与党の事前審査体制の強化という，隠れた「質疑応答の構造」の整理と一対のものである。また，公言されることのない少数政党排除の制度化でもある（白井 2013：133）。ここに至り，「質疑応答の構造」は一通りのリバランスを果たしたと言えよう。政党会派の党議拘束もまた格段に深化していったのである（白井 2013：139）。

　一連のリバランスによって，常任委員会を中心に設計された新たな国会の諸制度は，次第に「質疑応答の構造」の中で変質していくこととなる。

　もちろん，参議院においても同様である。参議院が貴族院の良き部分の伝統を引き継いできたのは，国会のスタートからここまでの状況の故でもあるが，以後，リバランスを遂げた「質疑応答の構造」によって，政党化の波，一院制的運用の波に洗われ，衆議院と同質化していくことになった。このことと，帝国議会から国会への制度転換の在り方に深い関わりがあること，そして，先例の生成と蓄積を基底とする明治・大正期の憲法改革と深い関わりがあることは既に明らかにしてきた。参議院の継続性から準立法期への重心の移動（半数改選の意味の変質）（憲 46，白井 2013：77, 78），全国選出から拘束名簿式比例代表制への転換（昭 57法 81 号），更には，拘束名簿式比例代表制から非拘束名簿式比例代表制への転換（平 12 法 118 号）といった一連の選挙制度改革や，「カーボンコピー」と言われる参議院，「強い参議院」，「強過ぎる参議院」といった

第5章　国会制度と「質疑応答の構造」

現象の多面性も，ここに現れるのである。

第3節　55年体制

(1) 総　　論

「自民党を政権党，社会党を野党第一党とする1955年体制の成立は，長い年月を経て，階級対立が政党システムの形状を規定するようになった」(中北2014：16)。この形状が規定した（憲法改正の発議が不可能な）二大政党体制によって初めて，政府与党と野党の対立関係に特化した「質疑応答の構造」が（良く）機能する稀有な時代となった。実定制度と「質疑応答の構造」が共棲する「政党政治の法構造」は，既に述べたように（3章2節(3)），その不可視な下部構造によって政権与党が永続する（はずの）特性を有するが（「官民調和体制」の永続システム），自民党はまさにこの形状と特性によって政権与党であり続け，自民党と社会党は対立と妥協の組合せによって共存し得たのである。この共存はいわゆる逆コースの集大成ともいうべき，岸内閣による警職法改正法案提出（30回（臨時），昭33/1958）から日米安保条約改定・承認（34回，昭35/1960）までの激突の先に見出されたものであるが，そこでは，「質疑応答の構造」の国会制度に対する構造的なアレルギー反応によって，「委員会中心主義」を構成する国会制度それぞれの運用に一様に枠が嵌められ，不活性化して縮小均衡し，衆参両院ともに，与野党の対立と妥協の所作──国対政治──というべきものができあがっていった[7]。並行して，与党と省庁縦割りの官僚制を繋いでボトム・アップする事前審査が高度にシステム化された。国対政治，「自民党の事前審査制度」，そして，「政」と「官」の不可視な構造的関係性（序章2節(3)），以上の三幅対が「質疑応答の構造」の中で形成された。「質疑応答の構造」は，55年体制仕様としてある種の洗練を遂げ，深化していったのである。「国対政治」（次号）

7　白井2013参照。特に，I章（国会の法），III章-5（議案の本会議趣旨説明），III章-8（国政調査））。

110

と「国政調査の『一般化』の中で」（次章1節(2)）において取り上げる国
対政治の生成プロセスは，55年体制に適応した審議の「迅速化・合理
化」に他ならない。議員・官僚・関係業界の「鉄の三角形」と呼ばれる
構造が指摘されるようになったのも，この「質疑応答の構造」の中での
現象である。

　そこは，右肩上がりの高度経済成長というこれまた稀有な時代でも
あった。55年体制は，経済成長の恩恵に支えられたものでもあったが，
皮肉にもその果実によって，次第に政党状況は曖昧化し，経済停滞の構
造化，更には，冷戦構造という補強の喪失によって，55年体制は崩壊
に至った。

(2) 国 対 政 治
── 議長の権限と政党会派による運営の法的連関の変容

i 各派交渉会から議院運営委員会，そして同理事会へ

　明治・大正期，議員同士の討議を軸とする審議システムから，政府と
政党会派の関係性を軸とする審議システムへの変革が進むに連れ，政党
会派による自律的運営が，議長権限との法的連関の獲得をとおして実現
していったことは，既に明らかにした。その鍵が，議長のもとで開かれ
るようになった各派協議会（各派交渉会の前身）にあった訳であるが，制
定国会法においては，文字どおり議院運営の協議の場として，公式かつ
公開の場である常任委員会──議院運営委員会──が設置された。1回国
会，衆議院規則案（議運委員長外6名提出）を可決した初回の議院運営委
員会（昭22.6.27）に先立ち，同案の成案決定を担った議院運営委員協議
会（6.16〜26まで5回）が，議長の議院運営委員会への常時出席を決定（6.
16，衆先126）したのは当然のことである。

　そして，「議運の方は基本的な，原則的なことをとり上げるという建
前のもとに進んだのに対しまして，交渉会は，日々の議事運営，つまり
政治的な話合いが行われるという」（西澤1954：33）棲み分けを，政党会
派による運営の明朗化を重んじるGHQに否定され，非公開の各派交渉

第 5 章　国会制度と「質疑応答の構造」

会が 2 回国会を限りに幕を閉じて以降は，議長の権限と政党会派による「日々の議事運営」の法的連関は，議長による議院運営委員会への諮問・答申をとおして成り立つことになったのである[8]。

しかし，昭和 27/1952 年，抜き打ち解散後の 15 回（特別）国会（第 3 次吉田内閣）の初めに，福永健司議運委員長が，同委員会運営の円滑化と能率化のために（非公開で議長が出席しない）同委員会理事会の活用を提起[9]して以降，議院運営委員会の協議の前提として，同理事会の協議が不可欠なものになっていった。そして，有名無実の議院運営小委員協議会（注 8）に代わり，「議長の委任により議院運営委員長が主催して……開会され，議事の順序その他議院の運営に関する諸般の事項について協議」（衆先 143）する場となった議事協議会[10]が議院運営委員会に前置さ

8　注 3 参照。議運委員会が持つ議長との直接的な関係性によって，各派交渉会に代わるべき議院運営小委員協議会は，最早，議院運営委員会と両立し得なかった。なお，川人 2005：141-157 は，主に，議運委員会の多数決による運営と，並存した議事運営機関（各派交渉会→小委員協議会→議事協議会）の全会一致原則との一貫した緊張関係として捉え，議運理事会による事前協議の確立に収束したとしている。全会一致原則については，3 章注 22 参照。

9　(1)　「従来本委員会は，あまり理事会を頻繁に開いていなかったのでありますが，現在の情勢にかんがみまして，今後はできるだけ理事会を活用いたしまして，本委員会の運営の円滑化と能率化をはかりたいと存じますから，右御了承を願いたいと存じます」（衆議運委会議録 2 号：2,4,5 頁，3 号 1 頁も参照）。

(2)　議院規則上の理事は委員長の職務代行者であり（衆規 38，参規 31），理事会は先例上の機関である。議運委員会を除く他の委員会では，衆参を問わず，理事会協議が 1 回国会から行われた。

(3)　参議院では，7 回国会以降議運委員会でも理事会協議が行われるようになった（7 回参議運委会議録 14 号：6 頁参照）。

(4)　13 回国会（昭 27. 4. 28）に，衆議院の申入れにより，会期延長について衆参両議運委員会の合同理事会が開かれた。14 回国会においても，開会式の日取り，式辞等の打ち合わせのために，両議運委員会の合同理事会がひらかれた（同 8. 27）。以上(2)(3)(4)は衆参各議運委会議録参照。これらが，上記(1)の提起に繋がったと思料される。なお，合同理事会は，衆議院の意向により，25 回国会の会期協議（昭 31. 11. 24）が最後となった。

10　(1)　議事協議員（国 55 の 2）は，28 回昭 33 年改正により議院運営小委員に代わり規定された。衆先 143 参照。

(2)　30 回昭 33. 11. 4，警職法改正法案審査に関わる会期延長（混乱）が，議事協議会の招集（協議に至らず）のみで，議運委員会を飛ばして行われたこと

第 3 節　55 年 体 制

れた 29 回，30 回国会を経て，31 回国会（昭 33. 12. 18）以降は，議院運営委員会の前提として同理事会が必置され，両者は一体のものとなった。

　こうした前史を踏んで，議長の権限と政党会派による運営の法的連関は大きく変容することになった。政党会派による運営が，議長の権限と権威のもとにあること，そして議長のもとの協議の場が，議院運営委員会という公式かつ公開の場にあること，この窮屈さの故に，政党会派による運営は，議長の権威のくびきを離れていった。議院運営委員会は，実質的な協議の場から，同理事会の協議・決定を追認する場へと変貌したのである。議長と議院運営委員会の諮問・答申の関係は希薄化し，棚上げされた議長の権威は，特別に必要な時に，議長裁定や議長斡旋として，敢えて呼び戻されるものとなった。

　議長が関わらない非公開の場，議院運営委員会理事会が，実質的に，議院運営委員会の権限と機能を代替することで，国対による国会運営上の駆け引きを，議長の権限による公式なものへと変換する半導体としての機能を果たすようになったのである。この機能によって，国対を頂点として，議院運営委員会理事会，その他の委員会の理事会，この国会運営上の駆け引きの三位一体的な関係が，議院の運営に，事実上，自動的に組み込まれることになった。政党会派による運営は，議長の権限によりながら，なおかつ，議長の権限と権威のもとから離れたものとして制度化された。これが，変容を遂げた議長の権限と政党会派による運営の法的連関の姿である。

　変容を遂げた政党会派による運営によって，「政党会派（と政府）による質疑応答の分断・囲込み」に見合う，国会の審議システムが構築され，審議の外にある，政府と政党会派の関係の洗練（例えば，自民党の事前審査制度），政党会派内の関係の洗練（例えば，確立した先例と認識される，議員提出議案の機関承認）と一体として，「質疑応答の構造」は深化を遂げた。国政調査の実態が典型的に示しているように（終章 1 節），国会法が規定

は，議運委員会との関係上，議事協議会の正統性を著しく毀損するものであった。正副議長の辞任等により会期延長以降の与野党対立の収拾が成った 31 回国会初め（12. 13）を最後に議事協議会は開かれなくなった。

113

第 5 章　国会制度と「質疑応答の構造」

した委員会制度は一律に自己拘束の対象となったのである。既に述べてきたように，この構造にあっては，国会審議の実態は当然に，政府と野党の対立関係に特化されたものとなり，与党は後景に退く。与野党の対立関係は，もっぱら国会の自律的運営をめぐるもの──国会運営上の駆け引き──として構築される（序章 2 節(2)ⅱ）。これが会期をとおした審議日程をめぐる闘争の本質である。日程闘争の中心に置かれるのが，総予算や与野党対決法案であることは言うまでもない。

ⅱ　国会運営上の駆け引きのベースとして

上記のように制度化された政治的かけ引きによる運営のベースとなったものが，帝国議会の法案審議・第一読会の「大体の質疑応答」（旧衆規 93②）の呼び戻しとして規定され（3 章 1 節(4)ⅰ），かつ，議院運営委員会の権限として規定された国会法 56 条の 2 ［各議院に発議又は提出された議案につき，議院運営委員会が特にその必要と認めた場合は，議院の会議において，その議案の趣旨の説明を聴取することができる］の運用と，これと連結する下記のような同法 56 条 2 項［議案が発議又は提出されたときは，議長は，これを適当の委員会に付託し，その審査を経て会議に付する］の運用である。

　　議案の提出に際し，議院運営委員会の理事・オブザーバー会派から本会議趣旨説明要求が付されれば，実際に本会議趣旨説明が行われるか，あるいは行わないことについて一定の結論が出されるまで，議長は所管委員会への付託を留保する，いわゆる吊るしの慣行。

この慣行は，もともと，「議院運営委員会が特にその必要と認めた場合」に該当するか否かの判断には，協議のための（若干の）時間が不可欠であることを正当性の根拠にするものではあった。ところで，「議院運営委員会が特にその必要と認めた場合」とは，本来，本会議趣旨説明聴取が必要か否かの争いが本会議の混乱を招くことを回避するため，決定の場を本会議から切り離すための，議事手続き上の配慮から出た規定であった（白井 2013 Ⅲ章 - 5）。しかし，議長が関わらないこの議院運営

第3節　55年体制

委員会の直接の権限と，議院運営委員会を実質的に代替する議院運営委員会理事会の不文の機能が強く共鳴して，吊るしの慣行を，スケジュールをめぐるほとんど際限のない国会運営上の駆け引きのベースに押し上げたのである。議長の権限を通して議案の審議過程を規定する国会法56条2項が，委員会制度の根幹的な規定であることは言うまでもない。同56条の2の規定とのあるべき関係を逸脱した運用が制度化されたのである。本会議趣旨説明の対象とならない予算案は，提出後速やかに予算委員会に付託されるのであるが，スケジュールをめぐる国対のコントロールの中心に組み込まれていることは言うまでもない。委員会の国政調査の変遷とその諸相も，国会運営上の駆け引きの特徴的な現れに他ならないのである（次章1節）。

iii　55年体制の後 ── 筆頭理事間の協議

委員会は，理事会の前の，与党，野党それぞれ，各党国対のスタンスを糾合する与野党筆頭理事間協議の定着により，国対のコントロールが直接的，かつ，より微細に及ぶようになった。自社体制後の多党化の故でもあるが，非自民連立，自社さ，……と，様々な政党の組合せを経験する中で，理事会自体がこの筆頭間協議の前捌きを不可欠とするようになって既に久しい。

一般的に言えば，法案等については，現場の委員会の筆頭理事間の合意と，議院運営委員会の筆頭理事間の合意が揃って初めて，議運理事会で本会議趣旨説明が合意され，あるいは，趣旨説明要求が取り下げられて委員会付託の運びとなる。趣旨説明をするにせよ，しないにせよ，議院運営委員会の決定（国56条の2）は，同理事会の協議が決裂して初めて，理事会の追認とは異なる本来の意味を持つことになるのである。予算案も含め，委員会付託後採決に至るまでの各委員会の理事会協議も，筆頭理事間の協議を踏まえたものである。そして，その後の本会議設定（国55：議長権限）に関わる議院運営委員会と同理事会の関係，更には，議院運営委員長による本会議の職権設定の慣行もまた，議長による議院運営委員会への諮問・答申の関係と同理事会をめぐる変容の象徴である

第5章　国会制度と「質疑応答の構造」

（ⅰ，白井 2013：42-47 参照）。

　こうして，与野党それぞれの立場から，各委員会，議院運営委員会それぞれの筆頭理事間の協議をとおして，国会審議の全体に，国対の直接的コントロールが及んでいるのである。

　国対のコントロールの細部への浸透がもたらしているものは，議院の活動の中核をなすべき委員会の自立の拘束に他ならない。委員会の活動は限定され，身動きが取れなければ，直接交渉，いわゆる政党間協議に上げられて局面の打開が図られることになる（ここでも，筆頭の国対委員長間の協議が大きな機能を果たす）。行き詰まれば，ともに刹那的な対応とも無縁ではいられないことになるのである。

第4節　政治改革と統治構造改革[11]

　冷戦構造の崩壊や経済成長の終焉によって，政治の方向性そのものが見通し難いものとなった。小選挙区比例代表並立制を導入した選挙制度改革やそれに続く一連の統治構造改革は，この閉塞を，二大政党体制による強い政府の創出によって乗り越えようとするものであったと言えよう。大正デモクラシー期の英国流は政党内閣制の理念を導入するものであった。そして，これに機能的に適合したものが他ならぬ「質疑応答の構造」の生成であり，この「質疑応答の構造」と実定制度が共棲する「政党政治の法構造」の創造であり，これに応えたのが，元老（西園寺公望）である（3章2節(3)参照）。

　一方，平成期の英国流は紛うことなく直輸入的な具体策による憲法改革である。しかし，平成期の憲法改革が「政党政治の法構造」を無意識に所与の前提としていることは既に言うまでもないであろう。55年体制仕様に洗練された「質疑応答の構造」は，自社体制とは異なり，選挙制度改革の成果として出現した，さほどの違いがない故に共存し得ない二大政党体制のもとで，剝き出しとなってその後を規定したのである[12]。

11　川人 2005，同 2015，飯尾 2007，福元 2007，大山 2011，待鳥 2012，同 2015，白井 2013，中北 2014，増山 2015，野中 2016，野中，青木 2016，中北 2017 参照。

116

第 4 節　政治改革と統治構造改革

政権獲得のための至上命題の相違（3章2節(3)）を除けば，ここに，互い
に差別化を競って中庸を欠き混迷を深めた，政党内閣制の時代の二大政
党体制との類似性を見いだすことは容易であろう。

　どちらが強い政府を担うに相応しいかという政権選択競争・政権交代
と「質疑応答の構造」が強く共鳴した衆参ねじれ——衆議院と同質化し
た参議院における政権与党の過半数割れ——の時代[13]を経て，長く「官
民調和体制」の永続システムの主体であったことの優位性によって何と
か勝ち残り，その優位性への揺り戻し的な期待と凝集力によってその後
の選挙において大きく勝ち続けてきた側と，このシステムの主体とし
て適者生存するにはナイーブに過ぎた側が遠心力を抱えつつ野党第一
党として対峙した状況は，選挙制度改革・統治構造改革——実定制度上
の「政」の拡張と集権化——によって出現した強い政府と「質疑応答の
構造」との関係の一つのピーク[14]であったと言えようか。その矛盾は結

12　国民→議会→内閣への委任を具体的に裏付け，権力の集中と民主的統制を両
　立するはずであった「マニフェスト」は既に見る影もないが，ここに「質疑応
　答の構造」がある。自民党との差別化の象徴でありツールでもある「マニフェ
　スト」の実現にこだわった民主党政権の挫折と，その反動としてその後の強い
　政権を生んだのは，実定制度として組み込まれた政権選択競争の促進と「質疑
　応答の構造」との強い共鳴の結果であり，「マニフェスト」はここに沈んだと
　言っても過言ではない。
13　ねじれの時代の国会審議について，白井 2013 Ⅲ章 - 7, 12, 13, 大西 2017 参
　照。政権交代時を例にとれば，国会審議の混迷，政治主導の在り方等をめぐる
　民主党と官僚との軋轢，同じく民主党及び連立与党内の軋轢も，永続的な政府
　与党が主体となって磨き上げてきた強固な「質疑応答の構造」の三位一体すべ
　ての面との軋轢として，連関して起こったものである。
14　(1) 官邸主導の改革によって首相が手にしたものは，自在かつ自前の審議会
　と自在の官僚群の利用であろう。既存のシステムの最上部への官邸による首
　相政治の組込みである。これによって与党と官邸の力関係は大きく変わったが，
　与党と縦割りの官僚制を繋ぐ事前審査制度そのものが変わった訳ではない。そ
　して，これにのった静態としての閣議の有り様が変わった訳でもない。もちろ
　ん，国対政治と称される国会審議の有り様が官邸主導によって構造的に変わっ
　た訳でもない。ここに「質疑応答の構造」がある。
　(2)「内閣審議会」（岡田内閣：昭 10/1935），臨時行政調査会（1 次（昭
　36/1961 池田内閣），2 次（昭 56/1981 鈴木内閣））から現在の「経済財政諮問
　会議」等々といった審議会政治の流れも，「質疑応答の構造」の中で理解すべ

第5章　国会制度と「質疑応答の構造」

果として噴出し，現実政治の様相は解散総選挙（平29.10.22）によって
次のステージへと向かいつつあるように見える。「質疑応答の構造」の
土壌にある不可視な「政」と「官」の関係性の変容（注14）が，「事実」
に基づくという，行政の前提そのものを毀損し，国会の審議においても，
同様に，「事実」に基づくという，議論の前提そのものを毀損しつつあ
るよう見えるのである。全体として，議院内閣制の運用は，「事実」か
らの逃避と，上意下達的な「幻想への回帰」に陥りつつあると見るべき
ではないだろうか。

　きものである。
　(3)　国家公務員制度改革基本法（平20年法68号）が定める制度改革の基本
方針に基づき，幹部公務員人事の官邸主導を可能にした改正国家公務員法（平
26年法22号）によって，「質疑応答の構造」の土壌にある不可視な「政」と
「官」の関係性（序章2節(3)）は，より強く共振するようになった。一方，同
じ基本方針が求める政官接触記録の作成・保存・適切な情報公開等，「国民の
的確な理解と批判の下にある公正で民主的な行政の推進に資する」政官関係
の透明化策は掛け声倒れの画餅に過ぎない。平29年193回以降の，森友学園
問題，加計学園問題を舞台とした「忖度」という言葉の曖昧なままの拡散は，
「質疑応答の構造」の土壌にある不可視で根深い「政」と「官」の構造的関係
性のほとんど偶然の露出の結果であり，同様に根深い思考停止の結果である。

終　章

改めて討議を考える

第1節　協働の基盤の欠落

　明治議院規則の意味を問い，その本質とは全く異なる，政党会派と政府の協働による「質疑応答の構造」の創造，そして，「質疑応答の構造」と帝国憲法体制を形作る実定制度が共棲する「政党政治の法構造」の完成を追い，更には，政党内閣制の瓦解とその後，戦時議会，そして，敗戦による憲法体制の大転換をも貫通した「政党政治の法構造」作動の時代を，現在まで辿ってここに到った。以上のことを踏まえ，改めて討議を考え，考察に区切りをつけることとしたい。

(1)　委員会制度運用の現実

　「質疑応答の構造」は，政党会派（と政府）によって分断され囲い込まれた「大体の質疑応答」が多数決原理に短絡する制度に他ならない。ここで放棄したものは，「委員」の討議と本会議審議との有機的連関による，議員間の議論を中心とする「討議」のプロセスであり，熟議のプロセスである。「本会議中心主義」という措定は本来このプロセスが妥当するものである。熟議のプロセスは解体され，熟議に関わる多くの部分は，隠れた鍵（政党会派（と政府）による質疑応答の分断・囲込み）に沿って，審議の外に不文の枠組みとして再編された。帝国議会は，「討議」のプロセスという，審議の「中心」を既に喪失していたのであるが，この過程で失ったものは，議員間（委員間）の議論の場という，議院として（委員会として）当然に有しているはずの協働の基盤に他ならない。

終章　改めて討議を考える

　翻って，国会制度の「委員会中心主義」はその「中心」を保持し得ているだろうか。国会の審議が旧憲法体制から継承した上記の「質疑応答の構造」によって規定されていることは縷々述べてきた。委員会が担う国政調査もその制度設計とは異なる次元で「質疑応答の構造」に規定されている。近時，委員会制度から事実上離れた特別な機関が，いずれも，委員会の国政調査権行使を実質的に肩代わりし，遮断するものとして設置された。国会に置かれた福島第一原子力発電所事故のいわゆる「国会事故調」（白井2013：186-188）であり，各議院の「情報監視審査会」である[1]。衆参両議院正副議長のもとで行われた「天皇の退位等についての立法府の対応に関する」会議をこの系譜に加えることもできよう[2]。その対象と目的はそれぞれまさに特別なものであるが，一方で，委員会が担うべき国政調査権の普遍性やあるべき活動の自立性は，「質疑応答の構造」という見えざる普遍性によって著しく制約されている。国政調査権は，委員会としての協働の基盤が在ってこそ，まともに行使し得るものなのである。

───────────

1　（1）　白井2017：終章注18参照。
　　（2）　2020年以降の経済社会構想会議有志一同：2018.6.25が，「行政の公正性に疑義が生じる場合，国会に特別調査会を設置し，国政調査権を発動することを認めるべきだ」と提起する「別車線化」も，「国会事故調」や「情報監視審査会」の設置と類似した発想によるものであろう。
　　（3）　独立権能的な手法に重点を置くものとしてスタートした国政調査の変遷は本文で示すとおりであるが，それは，委員会の「一車線化」の経緯でもある。そこで形成された「国会運営上の駆け引き」と国政調査の一体化は，先祖返りしたような「別車線化」がたとえ実現したとしても，もはや容易に分離・分解されるものではないであろう。
2　「国民の総意を見付け出すことは，国民の代表機関である立法府の重大な責務，責任である」（2017.1.19大島理森衆議院議長）として，「平29年/193回国会，衆参両院正副議長のもとで行われた「天皇の退位等についての立法府の対応に関する」会議が，政府の「天皇の公務の負担軽減等に関する有識者会議」の論点整理を踏まえ，国会として皇室典範特例法案（閣法）の実質的・包括的な事前審査機能を果たすことになった。皇室典範特例法案の（確認的な）審査が，事項別所管から省庁別所管に変更（衆規92，3回国会）となって以降初めて，省庁別所管の壁を越えて，議長・副議長が出席する議運委員会（衆議院）で行われたのも，そのイニシアティブの結果であろう。

第1節　協働の基盤の欠落

(2)　国政調査の「一般化」の中で

　国会初期においては，事件性を問われるような特定事項に関して──特に特別委員会を設置してその設置決議の中で証人の出頭，証言，記録の提出要求権が包括的に付与されるなど──憲法62条［両議院は，各々国政に関する調査を行ひ，これに関して，証人の出頭及び証言並びに記録の提出を要求することができる］の後半部分によった独立権能的な手法の国政調査が大きなウェートを占めた[3]。しかし，55年体制の安定化とともに，司法の独立を損ないかねない調査，人権を侵害しかねない調査，いたずらな政争の具としての調査（例えば衆先138），といった様々な不都合を招いた国政調査は回避されるようになった。特定事項の追及に特化したものとしての国政調査は，一般的な委員会活動に伴って行使される国政調査へと変化していったのである。これが国政調査の「一般化」である（白井2013：Ⅲ章−8，原田2015：83-86）。後述する「委員会の効率的で機動的」な国政調査権の行使は，国政調査の「一般化」の中で形成され，洗練されたものに他ならない（後掲参委先281の前身として，同・昭31年版204，昭37年版214，昭43年版259参照）。

　憲法62条は，議案審査並びに行政統制に関わる包括的な規定としての前半部分に，まずはその意義が見出されなければならないのであって，このこと自体は正しい方向であったと言えよう。議案の審査と国政調査が有機的に融合して初めて，委員会ひいては議院はよくその権限を果たすことができる訳である。そのために，各委員会は具体的にどのようなテーマについて国政調査を行い，どのようにそれを役立てるか，このことによって委員会活動の真価が問われることになる。

　しかし，「質疑応答の構造」により，委員会としての協働の基盤を欠いたまま一般化された国政調査が，連動性をもって委員会の活動に活かされることは困難である。国政調査は，日程闘争とも言うべき与野党双方の思惑による国会運営上の駆け引きによって，議案審査のための埋め

3　その背景，特にGHQの影響について，出口2018. 10：97-100参照。

終章　改めて討議を考える

草のような扱いとなり，政党会派毎に（特に与野党間で）分断され，断片化されてしまったのである。その典型が，国会審議の華，予算委員会の実相であり，更には，議案審査とは別に，委員毎（政党会派毎）の選好に任せた対政府質疑が行われる委員会の一般質疑である。

　常任委員会（常設的な特別委員会を含む）は，政府与党にとっては，既に付託議案を上げる（可決する）場としてのみ認識され，期待されているといっても過言ではないであろう。昭和56/1981年95回（臨時）国会における，「行財政改革に関する特別委員会4」の設置以降，重要議案の審査を当該議案の審査に限定した特別委員会で行うことが普通のことになったのであるが，近時は，その傾向が一層強まっている。このことも，常任委員会を中心とする委員会制度停滞の表れとして捉えることができよう。全体として，委員会制度の運用は，帝国議会，議案審査のために設置された特別委員会の実相と近接化してしまったのである。

　こうした状況にあって，最近に至っては特に，「質疑応答の構造」の土壌にある不可視な「政」と「官」の関係性の変容が，国会の審議にあっても，「事実」に基づく議論という前提そのものを毀損しつつあるよう見える旨を，既に述べたところである（前章4節）。

　国政調査権に基づく資料要求の実際は，「委員会が国会法第104条に基づき報告又は提出を求めるには，議長を経由して行わなければならないと定められています（参議院規則第181条［衆規257]）。一方で先例では，内閣，官公署に対しては，理事会の決定により要求する場合又は委員会において委員の要求があり，これに別段異議がない場合には，成規の手続を省略して，委員長から直接行う例とされています（参議院委員会先例録281［衆委先215]）。これは，国政調査権行使の実際上の担い手である委員会が効率的で機動的な活動を行えるよう，国会法第104条に基づ

　4　前章注14(2)中の第2次「臨時行政調査会」第一次答申を取りまとめ，36本の法律につき特例措置を規定した閣法（「行政改革を推進するため当面講ずべき措置の一環としての国の補助金等の縮減その他の臨時の特例措置に関する法律案」）審査のために設置された（昭56.10.6）。参議院も翌日同様の特別委員会を設置。特別委員会の種類及び設置の変遷については，衆先112参照。

第1節　協働の基盤の欠落

く成規の資料要求手続を経ることなく，より簡便な手続として積み重ねられてきたものであり，多くはこの形によって行われています」（秋山2018. 6：52）とするとおりである。

　しかしながら同時に，こうした「効率的で機動的」な国政調査権の行使が，既に述べた国政調査の「一般化」の中で——理事会の協議・決定とその背後にある国会運営上の駆け引きと一体化した——限定的で曖昧な「議会少数派権」的なものとしても機能してきたことに留意すべきであろう[5]。さらに言えば，近時の国会においては，民主的統制により資

5　(1)　「効率的で機動的」な国政調査の分析については，強制力を伴わない国政調査に着目する上田2016：22も参照。
　　(2)　自社さ連立時に制度化された，衆議院の予備的調査（衆規56の2，56の3，86の2：1997. 12. 11議決）は，こうした国会運営上の駆け引きと一体化することのない，下記の「議会少数派権」の要請に対する妥協の産物として，まさに予備的なものとして制度化されたものである。
　・「議員立法の活性化について」の土井・鯨岡正副議長連名による谷垣議運委員長宛の提言（1996. 6. 14）中
　　「一　政策立案機能の充実強化」の3
　　　委員の一定数（例えば，委員の総数の4分の1）から，委員会の審議において行政府の有する情報の開示が不十分であり，かつ議員の行う審議又は法律案若しくは修正案の立案に関連する情報の開示が不可欠である旨の申出がなされたときは，委員会は原則として行政府に対し当該情報の開示を要求するものとするよう，法律上の措置を講ずること。
　　(3)　予備的調査のうち「少数者の調査権」として注目されたのが，40名以上の衆議院議員が連名で，委員会が予備的調査の命令を衆議院の調査局長等に発することを，要請する書面を議長に提出することができる点であった（衆規56の3）。近時の学校法人への便宜供与の可能性に関する政府への追求でも，その積極的利用を促す声が聞かれたところである（新井2017. 12：34，大島議長の196回国会閉会後の記者会見：朝日2018. 8. 1参照）。
　　(4)　もっとも，当該学校法人問題に関して予備的調査が利用されたとしても，「各委員会の命により調査局長等が予備的調査を行う場合において，調査局長等が行った調査協力要請を官公署が拒否したときは，当該委員会は，官公署に対し，調査協力要請に応じることができない理由を述べさせることができるものとすること」（規則改正に際しての議運委員会申合せ：衆委先217備考参照）中にある，「調査局長等が行った調査協力要請」に対する「官公署」の対応は，上記(2)の「国会運営上の駆け引き」と交錯して予備的なものの範疇を越え，決して積極的なものにはならなかったのではないだろうか。

終章　改めて討議を考える

するものとして制定された情報公開法（平成11年法42号）や公文書管理法（平成21年法66号）の運用が，不可視な「政」と「官」の関係性の中で意図的に歪められ，この歪みが，国会運営上の駆け引きと一体化した「効率的で機動的」な国政調査権の行使によって得られるはずの「事実」の不可視なバリアとなったことは明白であろう[6]。様々な文書の隠蔽（提出文書の広範な黒塗りを含む），廃棄，改竄はそのようなものとして機能し，質疑者を規定して，不都合な「事実」を知り，「事実」を語るべき立場にある応答者のバリアとして作用したのである。「政」と「官」の関係性の変容は，法案の審査においても，政府監視の面においても，「事実」からの逃避に帰結して，委員会活動の質を根底から揺るがしていると言わざるを得ない。

第2節　「政党政治の法構造」のアンビヴァレンス

(1)　平成期憲法改革と「質疑応答の構造」の不均衡

　政府与党と野党の対立関係に特化した審議システムの生成と不離のものとして，政府と政党会派の関係，政党会派内の関係がそれぞれ，審議の外に形成されたことを改めて確認しておきたい。眼を審議の外に転じれば，政党（与党）と縦割りの強固な官僚制は，このトライアングルの中で初めて，天皇の官吏（旧憲10）というファイアー・ウォールによって政党を遮断しつつも，不即不離のものとして結合し得たのである。公務員が全体の奉仕者とされ（憲15②），国会の制定法によって官僚制が規定されるようになってもこの関係が変わることはない。この官僚制の

6　情報公開法制定以降，「効率的で機動的」な国政調査権の行使としての委員会の資料要求に対しては，「当該要求に係る資料等が情報公開法第5条各号に掲げる不開示情報に該当するか否かも参考にしつつ」対応されている。両者は，「一般に，情報公開法に基づき開示される行政文書が国会質疑で要求されたにも関わらず提供されない，ということは想定されない」近接したものとして運用されている（176回参議院質問主意書74号「情報公開法と国会質疑の情報開示の範囲に関する質問」に対する内閣答弁参照）。

第2節　「政党政治の法構造」のアンビヴァランス

上に乗る合議体としての内閣もまた，見え難い「質疑応答の構造」に規定され，「政党政治の法構造」の中にある。

　平成期の選挙制度改革と統治構造改革は言うまでもなく実定制度を対象とした改革——実定制度上の「政」の拡張と集権化——である。統治構造改革に対応するものとして制定された「国会審議活性化法」(145回衆議運委員長提出，平11年法116号) と，関連する議院規則の改正もまた，当然に国会の審議システムに関する実定制度を対象とする改革である[7]。「政党政治の法構造」の中で，実定制度と共棲する「質疑応答の構造」のトライアングルの基底——先例による審議システムの根幹——に手が入ることはなかった。国会審議活性化法の眼目として導入された，質疑と応答が双方向で連鎖する特別な討議の場としての党首討論もまた，他の国会制度がそうであったように「国会運営上の駆け引き」によって馴致され，稀にしか開かれない希薄なものとして定着した。国会制度が創設からその後の逐次にわたる改革まで含め，一貫して構想のとおりに

7　(1)　国会審議活性化法（平11/1999法116号）により政府委員制度は廃止され，いわゆる政務三役（大臣，副大臣，大臣政務官）が委員会答弁を担うものとされたが（国69，衆規45の2，参規42の2），「質疑応答の構造」の土壌としての，質問取り・質疑内容の通告・答弁資料の作成という普遍的な事前のプロセスが簡素化された訳ではない（不正常な委員会設定や事前のプロセスの滞りや，答弁に不慣れな政務三役への対応が，結局，答弁資料作成の負担増にしわ寄せされる）。なお，人事院総裁，内閣法制局長官等の4職（平24改正により原子力規制委員会委員長を加え5職）については政府特別補佐人として旧政府委員と手続上同様の地位に置かれた（国69②）。他に，細目的，技術的事項について必要があるときは，政府参考人に出席を求めその説明を聴くことになった（衆規45の3，参規42の3）。
　(2)　政府参考人をめぐる諸相については，白井2017：48参照。
　(3)　「党首討論」導入に関わる実定制度上の改正は，合同審査会（国44）によって両院横断の舞台となる「国家基本政策委員会」（常任委員会）の創設（国41，衆規92，参規74）のみである（運用規範については，「国家基本政策委員会等の運用等，国会審議のあり方に関する申合せ」（2000.1.18：衆参与野党国対委員長（共産，社民を除く）），白井2013：82参照）。「政党政治の法構造」の法制上の制約の故であるが，委員会制度の運用が先例の背景にある「質疑応答の構造」によって規定されることを端的に示すものでもある。英国流の「討議」の導入も，この制約から免れるものではなかったのである。

終章　改めて討議を考える

動かないのは，「政党政治の法構造」の中で「質疑応答の構造」に手の入らない実定制度の改革という一貫した不均衡の故である。また，実定制度の改革に付随してなされた先例レベルの合意[8]が，総体として見れば，まともに実行されてこなかったのは，「質疑応答の構造」の中で，システム化された国会運営上の駆け引きが不可視に組み込まれた既存の

8　(1)　下記(2)の申合せの前段・前提として，国会審議活性化法制定に伴って行われた「国家基本政策委員会等の運用等，国会審議のあり方に関する申合せ」が存在する（前注(3)参照）。

(2)　「国会審議の充実に関する申し合わせ」(2014. 5. 27：「はじめに」注4参照）。

国会審議の充実化を図るため，衆議院において以下の事項を申し合わせ，第187回国会から実施するものとする。

1. 国家基本政策委員会合同審査会（党首討論）は，内閣総理大臣が国会に出席する週にあっても弾力的な運用を図り，毎月一回実施できるようにする。月曜日を予備日とする。
2. 常任委員会定例日は原則委員会を開催する。
3. 提出議案は速やかに付託する。

ただし，議院運営委員会理事会の協議で合意した議案については本会議趣旨説明を行う。

内閣提出議案は，原則として優先して審査する。なお，野党提出議案（当該内閣提出議案に対する対案）がある場合は，同時に審査する。

議員提出議案は，自由討議の活用も含めて，積極的に各委員会で議論する。

なお，自由討議は議員間による討議であり，必要に応じて政府参考人を招致することができるものとする。

4. 内閣総理大臣の国会出席は以下のものとする。
 1)　本会議　①政府演説（施政方針，所信表明）と質疑　②重要広範議案に対する質疑　③議院運営委員会理事会の決定に基づいた国益に重大な影響を及ぼす事件等に対する報告と質疑
 2)　予算委員会　・基本的質疑と締めくくり質疑　・理事会の決定に基く，審査を通して必要と認められる特定の事案に関する集中審議
 3)　決算行政監視委員会　・締めくくり総括質疑
 4)　他の委員会　・重要広範議案は出席を求めることができる。
 5)　国家基本政策委員会合同審査会（党首討論）
5. 国務大臣が国際会議出席，災害対応等，やむをえない事由により出席できない場合は，副大臣，臨時代理，政務官が対応する。
6. 充実した質疑と，国家公務員の過剰な残業是正等を行うため，速やかな通告質問に努める。

先例や慣行と，こうした駆け引きが可視化され解除されることのない建前（文面上の合意）との，圧倒的な不均衡の故である。同様に，選挙制度改革と統治構造改革によって出現した強い政府の内実（閣議との不均衡），そして，強い政府と国会審議の不均衡，こうした二重，三重の不均衡は，平成期の憲法改革と，手付かずのままの「質疑応答の構造」の不均衡がもたらしたものである。

(2) フォーマル／インフォーマルな憲法秩序相互の関係性

翻って，明治議院規則が規定した議員間の「討議」のプロセスが，政党会派を立法協賛機関のあるべき姿に閉じ込める意図を持ったものであったとしても，この「討議」のプロセスの放棄が，政党政治の発展と定着のための最適解であったとは，筆者には思えない。もちろん，明治・大正期の憲法改革が，見え難い帝国議会審議の「迅速化・合理化」の蓄積によって作り出した，実定制度と「質疑応答の構造」が共棲する「政党政治の法構造」（「官民調和体制」の永続システム）が，最速，簡便，かつ，最もさりげない，漸進主義を放棄すれば，恐らく唯一可能な手法であったことに相違はないであろうが。それは最早遠い過去に違いないが，問題はこの法構造が，認識されることなくその後の時代を強く規定し続けていることにある。国会審議の「迅速化・合理化」も当然にこの規定の拘束の下にある。

実定制度と「質疑応答の構造」という，「フォーマル／インフォーマルな統治システム」の共棲によって成り立つ「政党政治の法構造」の「アンビヴァレンスの調整」は，フォーマルな秩序の正当で合理的な形成だけではなく，現代においては，「インフォーマルな国家活動が法治国家に対して及ぼしうる危険性を手続統制その他の手法で軽減する」という，折り重なる複雑で困難な課題を包含しているのである（赤坂2017.7参照）。

終章　改めて討議を考える

第3節　取り残された憲法改革

(1)　委任と責任の連鎖

　ここまでを踏まえれば，「強い国会」と「強い内閣」の両立（大山2011：140）がなければ，国民から国会を経て内閣，そして行政各部に至る，委任と責任の連鎖が正常に機能しているとは言い難い。委任と責任の連鎖（アカウンタビリティー）のメカニズムは，①権限を移譲する際の秩序の設定，②移譲された権限に基づく行為，③申し開きの要求，④秩序に基づく申し開きの判断，⑤制裁の行使，という五つのプロセスから構成され，そして，この五つのプロセスのうち，①から③に至るまでのプロセスが「事前責任としての責務責任」に該当し，④から⑤に至るまでのプロセスが，「事後責任としての負担責任」の概念に該当する（蓮尾2011：7, 8参照）。

　上記によれば，アカウンタビリティーとは，委任と責任の連鎖そのものであって，「説明責任」というアカウンタビリティーの訳語が持つニュアンス（単一方向の連鎖）に尽きるものではない。そこには複合的な循環が存在するということである。政策の決定・遂行を対象とする国家統治の過程にも，選挙という国民の審判（アカウンタビリティーのプロセスの最終段階）に至るまでには，様々に，委任と責任の連鎖（アカウンタビリティー）に関わる制度が規定されている訳である。

　わが国の議院内閣制にあっては，①が衆参各議院（予算案・法律案等の提出権を持つ内閣との協働），②が内閣と行政各部，③が各議院（内閣と行政各部に対して），内閣（行政各部に対して），以上が「事前責任としての責務責任」。④が各議院（内閣，行政各部に対して），内閣（行政各部に対して），⑤が各議院（衆議院は内閣及び国務大臣に対して，参議院は総理大臣その他の国務大臣に対して），内閣総理大臣（他の国務大臣に対して），内閣（行政各部に対して），国民の審判（議員，政党，内閣に対して）。以上が「事後責任としての負担責任」に該当するであろう。

128

第3節　取り残された憲法改革

「事前責任としての責務責任」の中で循環があるばかりでなく，アカウンタビリティーの最終段階である国民の審判に至るプロセスには，「事後責任としての負担責任」もまた，事前責任のプロセス（①②③）に循環するものである。衆参各議院それぞれのプロセスも交錯し，循環する。そして内閣が存立の基盤を置く衆議院に対しては，内閣不信任という具体的な制裁の有無に関わらず，解散（天皇の国事行為）によってプロセスの遮断が行われ，国民の審判に直結する。議院内閣制はこうした複合的な循環によって規定されていると見ることができよう。

　ここに，与党事前審査制による与党・内閣・行政各部の事前の政策融合と国会審議における討議の排除——「政党会派（と政府）による質疑応答の分断・囲込み」と多数決原理との短絡，——以上をセットで含有する「質疑応答の構造」を捉えれば，国民の審判にとって，議院内閣制のアカウンタビリティーのプロセスが，曖昧に過ぎ，不透明に過ぎることは明白であろう。委任と責任の連鎖を結ぶ国会審議の在り方，国会による統制の在り方が問われるのである。

(2)　代表議会の作用と実相
—— 討議の排除が組み込まれた，議院内閣制と権力分立の関係

「ドイツ基本法の憲法秩序における中心的代表機関としての連邦議会」が，「議会代表制」の中心的な構成要素として，議会の「立法作用・創設作用，政治的意思形成作用，公開作用と並んで（また部分的には重なりつつ），統制作用」を担っていることを挙げ，「統制は，多数決および公開と並んで，議会代表制の中心的な構成要素であって，したがって民主的に行われた決定を正統化し，それに拘束力を与える際の，中心的な要素」であると解説する論考がある（ヴァルトホフ／赤坂 2016：34）。議会制民主主義，議院内閣制のもとのシンプルな代表議会の作用の理解であり，委任と責任の連鎖の明確性に関わる普遍的な理解である。

　ただし，わが国に引き当てれば，「政党会派（と政府）による質疑応答の分断・囲込み」を鍵とする「質疑応答の構造」が，上記論考が主題と

終章　改めて討議を考える

する，加重された大連立下における「議会少数派権」の拡充あるいは制約といった以前の問題としてたちはだかる。そこでは既に述べたように，与党・内閣・行政各部の事前の政策融合と，国会審議における議員同士の討議（自他を問わない質疑応答の連鎖）の排除――「政党会派（と政党）による質疑応答の分断・囲込み」と多数決原理との短絡――をセットで含有する「質疑応答の構造」が，実定制度上は多様な議会による統制の在り方を拘束し，それを政府と野党の対立場面として矮小化しているのであって，そのことが，「統制作用」と重なる「立法作用・創設作用，政治的意思形成作用，公開作用」に及ぼしている影響は極めて大きい。「議会代表制」の作用を十全に担うには，「質疑応答の構造」は本質的に曖昧・不透明と言わざるを得ないのである。国会の曖昧・不透明な有り様と内閣の有り様が，この「質疑応答の構造」によって連結していることは既に述べてきた。

　委任と責任の連鎖（アカウンタビリティーのプロセス）を明確にするために何が必要であろうか。その鍵もまた「政党会派（と政府）による質疑応答の分断・囲込み」にあると考える。本書は，帝国議会において，「大体の質疑応答」の全部化と，この全部化を踏まえた「政党会派（と政府）による質疑応答の分断・囲込み」を鍵とする「質疑応答の構造」が，どのようにしてできたのか，何故できたのか，何故現在にまで繋がっているのかを明らかにしたが，そうした「質疑応答の構造」の歴史的特性，法的特性が，国民から内閣，そして行政各部にまで至る委任と責任の連鎖を接合する代表議会（国会）から，議員同士の討議を排除しているのである。

　帝国憲法の上下明確な政府と帝国議会の分立体制の下，議会の外で政府と政党が融合を果たし，内においては議員の討議の排除によって分立体制を換骨奪胎し，この分立体制に乗り移った「官民調和体制」の永続システム（「政党政治の法構造」）の歴史的特性，法的特性を抜きにすれば，国民主権，権力の分立，議院内閣制の関係は，以下のように理解されるものであろう。

第 3 節　取り残された憲法改革

　憲法前文冒頭が「日本国民は，正当に選挙された国会における代表者を通じて行動」すると記すとおり，内閣の執政作用もまた選挙を通じた国民の委任を正統性の根拠とするものである。ただし，実際には，（特に衆議院の）過半数政党（首相の指名と内閣信任の基盤），つまり与党の存在をその根拠とする。従って，立憲民主制の本質的な要素である権力の分立原則によって規定されている国会の審議は，当然，政府 VS 野党の関係に転化する。

　このような憲法と政党政治の法的接合に関する抽象的理解を踏まえ，本書で明らかにした討議の欠落の歴史的特性，法的特性を改めて観照すれば，政府 VS 野党の関係における討議の欠落の特異性もまた視野に入るであろう。構成員同士の議論がない集会は，一般的には説明会として認識されるものである。説明会においては，外部主体による説明を踏まえ，外部主体と利害関係者（特に反対者）との間で質疑応答が行われるのであるが，説明を大勢により了とすることはあっても，普通，これを会議と認識はしないし，会議とも呼びはしないであろう。

　国会を例えるならば，もっぱら政府と野党の質疑応答によって立法権を行使する，説明会型，タコ壷型の分断議会ということになろうか。この分断が「質疑応答の構造」によってもたらされていることは既に明らかにしてきたが，それは，代表議会が，立憲民主制における委任と責任の連鎖の中核（憲法秩序における中心的代表機関）として当然に有しているはずの国民の統合機能——国会審議における多様性の反映と集約のプロセス——を著しく欠くものである。「そこに代弁される社会のもろもろの利益相互間の現実的な妥協のプロセス」（只野 2017. 12：9）の欠如に他ならない。統合機能の欠如は，天皇主権の下，立法協賛機関の擬態として生成した「官民調和体制」の永続システムが，国民主権の下で見せる根源的な遺伝特性であるが，「説明責任」という訳語のニュアンスが良く当てはまるのは，こうした分断議会に対する説明と責任の在り方に他ならないであろう。議員同士の討議の欠落は，闘技の場としても中途半端なものなのである。

終章　改めて討議を考える

(3)　協働の基盤を求めて —— 委任と責任の連鎖の明確化のために

　政府に対する政党会派毎に分断された「大体の質疑応答」だけではなく，政府を交えた，与党／野党を問わない議員同士の討議との組み合わせがなければ，事前審査制による与党・内閣・行政各部の事前の融合を踏まえた政策の提起について，その意義と評価の全体像が詳らかになることはない。委任と責任の連鎖の対象そのものが明確にはならないのである。前号で指摘した「現実的な妥協のプロセス」が明確にされるべき理由がここにある。

　政府 VS 野党毎に縮減・特化した審議システムを解きほぐし，アカウンタビリティーのプロセスを明確にする——明治議院規則の議員間の「討議」のプロセスとは意図するところの異なる——新たな討議を一歩ずつ組み込んでいくべきである。それは，何よりもまず先例領域の問題であり，何よりもまず国会審議の中心に置かれた委員会における討議の問題である。「委員は，議題について，自由に質疑し及び意見を述べることができる」という通則規定（衆規45①，参規42①も同様）の運用が，「政党会派（と政府）による質疑応答の分断・囲込み」という，先例による規制から解放され，委員全員が共有する議論の場が不可欠であろう。委員会としての協働の基盤である。そこでは，政府を交えた，与党／野党を問わない委員同士の討議（自他を問わない質疑応答の連鎖）によって，なぜ必要か／なぜ必要でないか，何が問題で／何が問題でないのか，なぜ賛成か／なぜ反対かが問われ，政府が提起した政策全体の評価と問題点の明確化を，政府を含め審査に参加する全員で果たす場となるべきものである。このように，委員会としての協働の基盤は，議院としての協働の基盤として機能するだけではなく，議院と内閣の協働の基盤としても機能するものである。それはまた，各政党会派と政府による既存の質疑応答を踏まえ，理事会において論点を整理した上で行われるべきものでもある。

　分断され，囲い込まれた質疑応答のみによっては，その全体が明確になることはないのであって，与党委員の使命は過半数意思の構成ととも

132

第3節　取り残された憲法改革

にこのプロセスへの積極的な参加にある。与党の提出法案についてもこうした場が必要なことに変わりはない。そして，委員会の審査に資するために外部から有識者として招く公聴会の公述人や参考人についても，こうしたプロセスの一助として，「自他を問わない質疑応答の連鎖」の対象とされる場があって然るべきである。

　また，いわゆる一般質疑においても，委員毎（政党会派毎）の選好に任せた対政府質疑だけではなく，理事会においてテーマを絞った，委員同士の討議の場との組合せが必要である。与野党の合意によって行われる委員会提出法案の起草は本来こうした国政調査によって生み出されるべきものであった（鈴木 1953：10, 11）。委員会提出法案の実質的な起草が，専門家やステークホルダーを交えた事前調整によって行われ，国政調査との関係性をほとんど失っているのは，事前審査を前提とする閣法中心の審議システムの一本足打法（一車線）が，議員立法の本来あるべきプロセスを既に壊してしまったことの証左であるが，透明性の欠如は決して健全なことではない。野党の提出法案（政府対案を除く）も，まずはこうした国政調査の素材として委員同士の討議の対象となるべきものである。議案の審査と同様に，委員同士の自由な議論の場——委員会としての協働の基盤——は，国政調査においても，本来，不可欠なのである。この協働の基盤がなければ，言及されることの多い「議会少数派権」としての国政調査権の法定は望むべくもないであろう。平成9年の衆議院規則改正により，「議会少数派権」の要素を含んで制度化された衆議院の予備的調査（衆規56の2，56の3，86の2：注5）が，ほとんど政党会派内の利用に留まり[9]，やがて，制度の利用そのものが停滞してしまったのも（衆委先付録20表），本質的には，この基盤の欠如の故である。

　委員会が変われば，本会議もまた変わること，更には，統治の構造が変わることを，本書では，既に逆の方向として見てきた。こうした「政

　9　民主党は政権獲得に至る過程で，予備的調査を，所管横断的な同一テーマについての継続的な資料要求として利用し，同党のマニフェスト・事業仕分けの基盤として活用した（白井 2012：670, 671）。

133

終章　改めて討議を考える

党会派（と政府）による質疑応答の分断・囲込み」の柔軟な運用の蓄積によって，「質疑応答の構造」全体を柔構造にしていかなければならない。それが，既にある国会制度を普通に機能させ，「強い国会」を作る恐らく唯一の道であり，同時に，真に「強い内閣」を作る恐らく唯一の道でもある。ここに，平成期憲法改革から取り残された憲法改革の起点があり，その帰結に，協働の基盤の確立による委任と責任の連鎖（アカウンタビリティー）の明確化があると考える。議会制度創設130年になんなんとする歴史の中で，意図はそれぞれ異なれど，営々とした審議の「迅速化・合理化」によって形成された，強固な構造に囚われることのない「生産性向上」である。ここに整合的ではない，議院内閣制と権力の分立の調和があり，議院内閣制と「議会代表制」の調和がある。

　一面では些細で簡単なことの積み重ねであり，一面では政党政治の有り様の根幹に関わる困難な道程ではあるが，このことを抜きにして，実定制度に新たな制度を移入し，様々に接木を施しても，既に見てきたとおり，「質疑応答の構造」との軋轢の不可避性によって表層に流れてしまうばかりで，構想のとおりに機能させることは容易なことではない。逆に，統治構造に新たなひずみをもたらしかねないものである。制度改革の論議に当たってはこのことに自覚的であるべき，と筆者は考える。究極の制度改革（憲法改正）論議においてもそれはいささかも異なるところがない[10]。

(4)　ポスト平成の時代に

　論述の流れからは外れるけれども，2016年夏，スクープ報道を前触れとした，天皇の「お言葉」は，「日本国民統合の象徴」としての思い──公務への思い──を深く語るものであった。「お言葉」のそもそもの評価，更には，この思いをめぐる政府及び国会の対応（政府・政府の有識

10　「国民の総意」を問う憲法改正発議のプロセス──それは究極の議員立法とも言いうるものである──が，憲法調査会以来の熟議の努力と積重ねを放棄したものとなるのであれば，たいへん不幸なことである。

第3節　取り残された憲法改革

者会議・衆参両院議長主宰の政党間協議，以上の関係性と，この関係性を踏まえて内閣から提出された皇室典範特例法案とその国会審議の有り様等）についての法的評価——憲法による「規整」（駒村 2017. 5）のプロセスをめぐる評価——は様々にあるが，そうしたこととは全く別に，筆者は，「主権の存する日本国民の総意」に基づくものとして「日本国」及び「日本国民統合の象徴」という地位に生まれによってついた者の，その務めに対する思いを，自らの意思と衆望によって「全国民を代表する」地位につき，政党政治を担う地位についた者が負う憲法上の使命，延いては，政党政治が負っている憲法上の使命に置き換えて読んだ。分断と不寛容に大きく傾きつつあるように見える困難な時代にあって，委任と責任の連鎖の中核にある国会審議の質の再構築こそが問われていると読んだのである。それは，国会が当然に有しているはずの国民の統合機能——審議における多様性の反映と集約のプロセス（「そこに代弁される社会のもろもろの利益相互間の現実的な妥協のプロセス」）——の構築に他ならない。

　本書をとおしてここまで見てきたように，「政党会派（と政府）による質疑応答の分断・囲込み」を鍵として，実定制度と「質疑応答の構造」が共棲する「政党政治の法構造」が，政党政治が負っている憲法上の使命と十分に整合し難いものであること，寧ろそれが，困難な時代と共鳴しがちなもの——困難な時代にあっては機能不全に陥りやすく，分断と不寛容を公共圏にフィードバックしてその連鎖を促しかねないもの——であることを，蛇足ではあるが，歴史的な特性として記し，，ポスト平成が「幻想への回帰」（前章4節）の時代とならないためにも，討議の再構築が不可欠であることを改めて思いつつ，筆を擱く。

付録1　旧衆議院規則・貴族院規則の対比（関連部分）

付録1　旧衆議院規則・貴族院規則の対比（関連部分）

衆議院規則 （1回議会：明23/1890.12.1議決がベース） ※下線・☞＝明示のないものは51回：大14/1925全部改正による変更	貴族院規則 （1回議会：明24/1891.2.27議決がベース） ※下線・☞＝明示のないものは44回：大10/1920全部改正による変更
3章 委員　1節 通則 2章 ☞ 3章	**3章 委員　1節 通則** 2章 ☞ 3章
［委員の発言回数］26条 ☞ 28条 28条 委員ハ委員会ニ於テ同一事件ニ付キ幾回タリトモ発言スルコトヲ得 ☞「付」	［委員の発言回数］13条 ☞ 17条 17条 委員ハ委員会ニ於テ同一事件ニ付キ幾回タリトモ発言スルコトヲ得
［委員長の討議権］29条 ☞ 31条 31条 委員長自ラ討議ニ與カラムトスルトキハ委員中ヨリ代理者ヲ指名シ委員長席ニ著カシムヘシ	［過半数・決裁権・委員長の討議権］ 15条 ☞ 20条 20条 ［過半数・決裁権　略］ ② 委員長ハ討議スルノ権ヲ妨ケラルルコトナシ
7章 議事　2節 読会 6章 ☞ 7章	**6章 議事　2節 読会** 5章 ☞ 6章
［議案の朗読，趣旨弁明，疑義の説明要求，朗読省略］89条 ☞ 93条 93条 第一読会ニ於テ議案ヲ朗読シタル後国務大臣政府委員又ハ発議者ハ其ノ趣旨ヲ弁明スルコトヲ得 ② 議員ハ議案ニ対シ疑義アルトキハ国務大臣政府委員又ハ発議者ニ説明ヲ求ムルコトヲ得 ③ 議長ハ便宜議案ノ朗読ヲ省略セシムルコトヲ得	［議案の朗読，趣旨の説明，朗読省略］ 67条 ☞ 73条 73条 第一読会ニ於テ議案ヲ朗読シタル後国務大臣政府委員又ハ発議者ハ其ノ趣旨ヲ弁明スルコトヲ得 ☞「議案ノ趣旨ヲ説明」 ② 議長ハ便宜議案ノ朗読ヲ省略セシムルコトヲ得
［委員付託・委員報告・大体の討論，第二読会開会につき採決］90条 ☞ 94条 94条 前条ノ手続ヲ終リタルトキハ政府又ハ貴族院ヨリ提出シタル議案ハ之ヲ委員ニ付託スヘシ ② 議院ハ委員ノ報告ヲ待チ大體ニ付キ討論シタル後第二読会ヲ開クヘキヤ否ヲ決スヘシ ③ 議員ヨリ提出シタル議案ハ大體ニ付キ討論シタル後第二読会ヲ開クヘキヤ否ヲ決スヘシ若シ委員ニ付託スルノ動議アリテ之ヲ可決シタルトキハ其ノ報告ヲ待チ第二読会ヲ開クヘキヤ否ヲ決スヘシ ☞「若」 ④ 第二読会ヲ開クヘカラスト決シタルトキハ其ノ議案ヲ廃棄シタルモノトス	［委員付託・委員会報告・大体の討論，第二読会開会につき採決］68条 ☞ 74条 74条 前条ノ手続ヲ終リタルトキハ政府又ハ衆議院ヨリ提出シタル議案ハ之ヲ委員ニ付託スヘシ ② 議院ハ委員ノ報告ヲ待チ大體ニ付キ討論シタル後第二読会ヲ開クヘキヤ否ヲ決スヘシ ☞「委員会」 ③ 議員ヨリ提出シタル議案ハ大體ニ付キ討論シタル後第二読会ヲ開クヘキヤ否ヲ決スヘシ若シ委員ニ付託スルノ動議アリテ之ヲ可決シタルトキハ其ノ報告ヲ待チ第二読会ヲ開クヘキヤ否ヲ決スヘシ ☞「若」 ④ 第二読会ヲ開クヘカラスト決シタルトキハ其ノ議案ヲ廃棄シタルモノトス

付録1　旧衆議院規則・貴族院規則の対比（関連部分）

[逐条朗読議決・朗読省略] 92条 ☞ 96条 96条　第二読会ニ於テハ議案ヲ逐条朗読シテ之ヲ議決スヘシ ② 議長ハ便宜議案ノ朗読ヲ省略セシムルコトヲ得	[逐条朗読議決・朗読省略] 70条 ☞ 76条 76条　第二読会ニ於テハ議案ヲ逐条朗読シテ之ヲ議決スヘシ ② 議長ハ便宜朗読ヲ省略セシムルコトヲ得
[修正の動議] 93条 ☞ 97条 97条　第二読会ニ於テハ議案ニ対シ修正ノ動議ヲ提出スルコトヲ得 ② 議員ハ読会ノ前予メ修正案ヲ議長ニ提出スルコトヲ得	[修正の動議] 71条 ☞ 77条 77条　第二読会ニ於テハ議案ニ対シ修正ノ動議ヲ提出スルコトヲ得 ② 議員ハ読会ノ前予メ修正案ヲ議長ニ提出スルコトヲ得
[委員の報告に係る修正] 94条 ☞ 98条 98条　委員ノ報告ニ係ル修正ハ賛成ヲ待タスシテ議題トナスヘシ ☞「為スヘシ」	[委員の報告に係る修正] （4節:107条へ移動） 72条　委員ノ報告ニ係ル修正ハ賛成ヲ待タスシテ議題トナスヘシ
[逐条審議における討論] 95条 ☞ 99条 99条　議長ハ逐条審議ノ順序ヲ変更シ又ハ数条ヲ連ネ又ハ一条ヲ分割シテ討論ニ付スルコトヲ得但シ議員異議ヲ提出スル者アルトキハ其ノ賛成者アルヲ待チ討論ヲ用ヰスシテ之ヲ決スヘシ ☞「議員ヨリ異議ヲ申立テ30人以上ノ賛成者アルトキハ」	[逐条審議における討論] 73条 ☞ 78条 78条　議長ハ逐条審議ノ順序ヲ変更シ又ハ数条ヲ連ネ又ハ一条ヲ分割シテ討論ニ付スルコトヲ得但シ議員異議ヲ提出スル者アルトキハ其ノ賛成者アルヲ待チ討論ヲ用ヰスシテ議院ニ諮ヒ之ヲ決スヘシ ☞「議員異議ヲ申立テ1人以上ノ賛成者アルトキハ」
[議案全体の可否の議決] 98条 ☞ 102条 102条　第三読会ニ於テハ議案全體ノ可否ヲ議決スヘシ	[議案全体の可否の議決] 76条 ☞ 81条 81条　第三読会ニ於テハ議案全體ノ可否ヲ議決スヘシ
7章 議事　3節 討論	6章 議事　3節 討論　☞「発言」
[討論通告] 100条 ☞ 104条 104条　議事日程ニ記載シタル議題ニ対シ発言セムト欲スル者ハ会議開始ノ前ニ予メ其ノ氏名及反対又ハ賛成ノ旨ヲ記シテ書記官ニ通告スルコトヲ得 ☞「前」	[討論通告] 78条 ☞ 83条 83条　議事日程ニ記載シタル議題ニ対シ発言セムト欲スル者ハ会議開始ノ前ニ予メ其ノ氏名及反対又ハ賛成ノ旨ヲ書記官ニ通告スルコトヲ得
[反賛交互討論・通告の失効] 101条 ☞ 105条 105条　書記官ハ前条通告ノ順序ニ由リ之ヲ発言表ニ記入シ議長ニ報告スヘシ議長ハ討論ヲ始ムルニ当リ発言表ニ依リ反対者ヲシテ最初ニ発言セシメ次ニ賛成者及反対者ヲ可成交互ニ指名シテ発言セシムヘシ ② 前項ノ指名ニ応セサル者ハ通告ノ効ヲ失フ	[反賛交互討論・通告の失効] 79条 ☞ 84条 84条　書記官ハ前条通告ノ順序ニ由リ之ヲ発言表ニ記入シ議長ニ報告スヘシ議長ハ討論ヲ始ムルニ当リ発言表ニ依リ反対者ヲシテ最初ニ発言セシメ次ニ賛成者及反対者ヲ可成交互ニ指名シテ発言セシムヘシ ② 前項ノ指名ニ応セサル者ハ通告ノ効ヲ失フ

付録1 旧衆議院規則・貴族院規則の対比（関連部分）

［無通告の討論］102 条 ☞ 106 条 106 条 通告ヲ為ササル議員ハ通告ヲシタル議員総テ発言ヲ終リタル後ニアラサレハ発言ヲ求ムルコトヲ得ス ☞「非サレハ」 ② 通告ヲ為シタル甲方ノ議員未タ発言ヲ終ラスト雖乙方ノ議員既ニ発言ヲ終リタルトキハ通告ヲ為ササル乙方ノ議員発言ヲ求ムルコトヲ得	［無通告の討論］80 条 ☞ 85 条 85 条 通告ヲ為ササル議員ハ通告ヲ為シタル議員総テ発言ヲ終リタル後ニアラサレハ発言ヲ求ムコトヲ得ス ☞「非サレハ」 ② 通告ヲ為シタル甲方ノ議員未タ発言ヲ終ラスト雖乙方ノ議員既ニ発言ヲ終リタルトキハ通告ヲ為ササル乙方ノ議員発言ヲ求ムルコトヲ得
［無通告発言要求の方法］103 条 ☞ 107 条 107 条 通告ヲ為サスシテ発言セムト欲スル者ハ起立シテ議長ト呼ヒ及自己ノ氏名[1]ヲ告ケ議長ノ許可ヲ待テ発言スヘシ ☞ [1]追加「若クハ番号」（明 23 改正）☞ 削除，☞ [2]「得て」	［無通告発言要求の方法］81 条 ☞ 86 条 86 条 通告ヲ為サスシテ発言セムト欲スル者ハ起立シテ議長ト呼ヒ及自己ノ氏名ヲ呼ヒ議長ノ許可ヲ待テ発言スヘシ ☞「待チテ」
［中断発言の継続］105 条 ☞ 109 条 109 条 延会又ハ議事中止ノトキ発言ヲ終ラサル議員ハ更ニ[1]討論ヲ始ムルトキニ於テ[2]発言ヲ継続スルコトヲ得 ☞ [1]「其ノ議事ヲ」，[2]「前ノ発言ヲ」	［中断発言の継続］83 条 ☞ 89 条 89 条 延会又ハ議事中止ノトキ発言ヲ終ラサル議員ハ更ニ討論ヲ始ムルトキニ於テ前ノ発言ヲ継続スルコトヲ得 ☞「停会延会又ハ其ノ他ノ事由ニ因リ発言ヲ中止セラレタル議員ハ更ニ会議ヲ開ク」
［演壇での発言］106 条 ☞ 110 条 110 条 凡テ発言ハ演壇ニ於テ之ヲ為スヘシ但シ極メテ簡短ナル発言及特ニ議長ノ許可ヲ得タルモノハ此ノ限ニ在ラス ☞「簡単」	［演壇での発言］84 条 ☞ 90 条 90 条 議題ニ対スル発言ハ演壇ニ於テ之ヲ為スヘシ但シ特ニ議長ノ許可ヲ得タルトキハ此ノ限ニ在ラス ☞「又ハ極メテ簡単ナル発言ニ付テハ」
	［国務大臣政府委員は自席発言］ 86 条 ☞ 91 条 86 条 国務大臣政府委員ハ其ノ席ニ於テ起立シテ発言スヘシ ［国務大臣政府委員は演壇発言］ 91 条 国務大臣及政府委員ノ発言ハ演壇ニ於テ之ヲ為スヘシ但シ特ニ議長ノ許可ヲ得タルトキ又ハ極メテ簡単ナル発言ニ付テハ此ノ限ニ在ラス
［議員の発言は議題につき 1 回］ 109 条 ☞ 113 条 113 条 議員ハ同一ノ議題ニ[1]付キ発言 2 回ニ及フコトヲ得ス但シ質疑応答[2]又ハ注意ノ喚起ハ此ノ限ニ在ラス ☞ [1]「付」，[2]下線削除	［議員の発言は議題につき 1 回］ 88 条 ☞ 94 条 94 条 議員ハ同一ノ議題ニ付発言 2 回ニ及フコトヲ得ス但シ質疑応答又ハ注意ノ喚起ハ此ノ限ニ在ラス

付録1　旧衆議院規則・貴族院規則の対比（関連部分）

［委員長の報告，大臣等の趣旨弁明の発言］ 110 条 ☞ 114 条 114 条 委員長又ハ報告者ハ其ノ報告ノ趣旨ヲ弁明スル為ニ数回ノ発言ヲ為スコトヲ得 ② 国務大臣政府委員発議者及動議者ハ議案又ハ発議動議ノ趣旨ヲ弁明スル為ニ数回ノ発言ヲ為スコトヲ得	［委員長の報告，大臣等の趣旨説明の発言］ 89 条 ☞ 95 条 95 条 委員長又ハ報告者ハ其ノ報告ノ趣旨ヲ[1]弁明スル為ニ数回ノ発言ヲ為スコトヲ得 ② 国務大臣政府委員発議者及動議者ハ議案又ハ発議動議ノ趣旨ヲ[1]弁明スル為ニ数回ノ発言ヲ為スコトヲ得 ☞ [1]「説明スル」
［討論終局の宣告］115 条 ☞ 119 条 119 条 議長ハ討論ノ終局ヲ宣告ス	［討論終局の宣告］95 条 ☞ 101 条 101 条 議長ハ討論ノ終局ヲ宣告ス
［討論終局動議］116 条 ☞ 120 条 120 条 発言者未タ尽キスト雖議員ハ討論終局ノ動議ヲ提出スルコトヲ得此ノ場合ニ於テ議長ハ議院ニ諮ヒ討論ヲ用キスシテ之ヲ決スヘシ ☞「議員討論終局ノ動議ヲ提出シ 20 人以上ノ賛成アルトキハ」（明 24）	［討論終局動議］96 条 ☞ 102 条 102 条 発言者未タ尽キスト雖議員ハ討論終局ノ動議ヲ提出スルコトヲ得此ノ場合ニ於テ議長ハ議院ニ諮ヒ討論ヲ用キスシテ之ヲ決スヘシ ☞「議員討論終局ノ動議ヲ提出シ 20 人以上ノ賛成アルトキハ」，（②～⑥は明 32 改正による追加：ただし②⑥のみ掲載） ② 討論終局ノ動議ハ賛否各 2 人以上ノ発言アリタル後ニ非サレハ之ヲ提出スルコトヲ得ス但シ一方ノミ 2 人以上発言シ他ノ一方ニ於テ発言ノ請求者ナキ場合ハ此ノ限ニ在ラス ☞「要求者」，⑥削除 ⑥ 討議ニ付セラレタル議題ニ関シ未タ討論ニ入ラサル前ニ質問続出シテ容易ニ終局セサルトキハ議員ハ直ニ討論ニ入ルヘシトノ動議ヲ提出スルコトヲ得此ノ動議ニハ本条第 1 項ノ規定ヲ準用ス
［討論終局後の質疑禁止・質疑終局動議］ （追加） 121 条 討論終局シタルトキハ質疑ハ之ヲ許サス ② 質疑ヲ終局セムトスルトキハ前条ノ例ニ依ル	［質疑終局動議］（追加）（前条⑥参照） 105 条 問題ニ対シ質疑続出シテ容易ニ終局セサルトキハ議員ハ質疑ヲ終局スルノ動議ヲ提出スルコトヲ得此ノ動議ニハ第 102 条第 1 項ノ規定ヲ適用ス

付録 2　旧衆貴各議院規則・衆議院規則・参議院規則の対比（関連部分）

付録 2　旧衆貴各議院規則・衆議院規則・参議院規則の対比（関連部分）

衆貴各議院規則 （付録 1 参照）	衆 議 院 規 則 （1 回：昭 22/1947. 6. 28 議決）	参 議 院 規 則 （1 回：昭 22/1947. 6. 28 議決）
委員（通則）	委員会（通則）	委員会（通則）
［委員の発言回数］ 衆規 28 委員ハ委員会ニ於テ同一事件ニ付幾回タリトモ発言スルコトヲ得 （貴規 17）	【委員の発言】 45 条　委員は，議題について，自由に質疑し及び意見を述べることができる。 ② 委員から発言を求めたときは，その要求の順序によつて，委員長がこれを許可する。 ③ 委員から発言の順序について，異議の申立があるときは，委員長は，これを委員会に諮らなければならない。	【委員の発言】 42 条　委員は，議題について，自由に質疑し及び意見を述べることができる。☞「し，」 （昭 30 改正） ② 委員から発言を求めたときは，その要求の順序によつて，委員長がこれを許可する。
	【政府質疑の相手：政務三役】 45 条の 2　委員会が審査又は調査を行うときは，政府に対する委員の質疑は，国務大臣又は内閣官房副長官，副大臣若しくは大臣政務官に対して行う。 ［平 11 改正：追加。副大臣制施行に伴う改正（平 11 年），防衛省設置に伴う改正（平 19 年）は略］	【政府質疑の相手：政務三役】 45 条の 2　委員会が審査又は調査を行うときは，政府に対する委員の質疑は，国務大臣又は内閣官房副長官，副大臣若しくは大臣政務官に対して行う。 ［平 11 改正：追加。副大臣制施行に伴う改正（平 11 年），防衛省設置に伴う改正（平 19 年）は略］
	【政府参考人】 （平 11 改正：追加） 45 条の 3　委員会は，前条の規定にかかわらず，行政に関する細目的又は技術的事項について審査又は調査を行う場合において，必要があると認めるときは，政府参考人の出頭を求め，その説明を聴く。 ［注］出席通知については，257条②参照。	【政府参考人】 （平 11 改正：追加） 42 条の 3　委員会は，前条の規定にかかわらず，行政に関する細目的又は技術的事項について審査又は調査を行う場合において，必要があると認めるときは，政府参考人の出席を求め，その説明を聴く。 ② 委員会が政府参考人の出席を求めるには，当該公務所を通じて行う。

付録 2　旧衆貴各議院規則・衆議院規則・参議院規則の対比（関連部分）

衆規 議事（討論）・ 貴規 議事及質問（発言）	会議（発言）	会議（発言）
[発言通告・賛否の明示] 衆規 104 議事日程ニ記載 シタル議題ニ対シ発言セム ト欲スル者ハ会議開始前予 メ其ノ氏名及反対又ハ賛成 ノ旨ヲ記シテ書記官ニ通告 スルコトヲ得 （貴規 83）	【発言通告】 125条 会議において発言し ようとする者は，予め参事に 通告することを要する。但し， やむを得ないときは，この限 りでない。	【発言通告】 91条 会議において発言しよ うとする者は，予めその旨 を参事に通告することを要す る。但し，止むを得ないとき は，この限りでない。☞「や む」（昭30改正）
[無通告発言の要求] 衆規 106 通告ヲ為ササル 議員ハ通告ヲ為シタル議員 総テ発言ヲ終リタル後ニ非 サレハ発言ヲ求ムルコトヲ 得ス ② 通告ヲ為シタル甲方ノ 議員未タ発言ヲ終ラスト雖 乙方ノ議員既ニ発言ヲ終リ タルトキハ通告ヲ為ササル 乙方ノ議員発言ヲ求ムルコ トヲ得 （貴規 85）	【無通告発言の要求】 126条 通告しない議員は， 通告した議員がすべて発言が 終つた後でなければ，発言を 求めることができない。	【無通告発言の要求】 95条 通告をしない者は，通 告した者がすべて発言を終つ た後でなければ，発言を求め ることができない。
[発言回数制限（質疑応答 除外）] 衆規 113 議員ハ同一ノ議 題ニ付発言2回ニ及フコト ヲ得ス但シ質疑応答ハ此ノ 限ニ在ラス （貴規 94）	【質疑回数の制限】 （昭30改正：追加） 134条の2 質疑は，同一議員 につき，同一の議題について 3回を超えることができない。	【質疑回数の制限】 110条 質疑は，同一の議題 について3回を超えることが できない。
[委員長報告・趣旨弁明 （説明）] 衆規 114 委員長又ハ報告 者ハ其ノ報告ノ趣旨ヲ弁明 スル為ニ数回ノ発言ヲ為ス コトヲ得 ② 国務大臣政府委員発議 者及動議者ハ議案又ハ発議 動議ノ趣旨ヲ弁明スル為ニ 数回ノ発言ヲ為スコトヲ得	【委員長報告・少数意見報告 の補則】 131条 委員長又は少数意見 者は，その報告を補足するた め発言することができる。	【委員長報告・少数意見報 告・趣旨弁明の発言回数】 118条 委員長又は少数意見 の報告者は，その報告の趣旨 を弁明するために，数回の発 言をすることができる。 ② 発議者，衆議院の委員長 若しくは発議者，国務大臣又 は政府委員は，議案の趣旨を 弁明するために，数回の発言

142

付録2　旧衆貴各議院規則・衆議院規則・参議院規則の対比（関連部分）

（貴規95）		をすることができる。☞「発議者又は提出者」（昭30改正）【質疑の相手】108条 議員は，委員長，少数意見の報告者，発議者，衆議院の委員長若しくは発議者，国務大臣又は政府委員に質疑することができる。☞「発議者又は提出者」（昭30改正）
（上記，衆規104・貴規83を参照）	【討論の通告】135条 議事日程に記載した事件について討論しようとする者は，反対又は賛成の旨を明かにして通告しなければならない。☞「案件」（昭30改正）	【討論の通告】93条 討論の通告をする議員は，その通告と共に反対又は賛成の旨を明かにしなければならない。☞「明らかに」（昭30改正）
［反対・賛成交互討論］衆規105 書記官ハ前条通告ノ順序ニ由リ之ヲ発言表ニ記入シ議長ニ報告スヘシ議長ハ討論ヲ始ムルニ当リ発言表ニ依リ反対者ヲシテ最初ニ発言セシメ次ニ賛成者及反対者ヲ可成交互ニ指名シテ発言セシムヘシ②前項ノ指名ニ応セサル者ハ通告ノ効ヲ失フ（貴規84）（上記，衆規104,106・貴規83,85も参照）	【反対・賛成交互討論】137条 討論については，議長は，最初に反対者をして発言させ，次に賛成者及び反対者をして，なるべく交互に指名して発言させなければならない。②通告した甲方の議員のすべてが発言を終らないときでも，乙方の通告した議員が発言を終つたときは，通告しない乙方の議員は，発言を求めることができる。	【反対・賛成交互討論】116条 討論においては，議長は，最初に反対者を発言させ，次ぎに賛成者及び反対者をなるべく交互に指名して発言させなければならない。②通告した甲方の議員のすべてが発言を終らないときでも，乙方の通告した議員が発言を終つたときは，通告しない乙方の議員は，発言を求めることができる。
［討論終局の宣告］衆規119 議長ハ討論ノ終局ヲ宣告ス（貴規101）	【質疑終局・討論終局の宣告】139条 質疑又は討論が終つたときは，議長は，その終局を宣告する。	【質疑終局の宣告】112条 質疑が終つたとき，議長は，質疑の終局した旨を宣告する。113条 質疑が終つたときは，討論に入る。【討論終局の宣告】122条 討論が終つたとき，議長は，討論の終局した旨を宣告する。

付録2　旧衆貴各議院規則・衆議院規則・参議院規則の対比（関連部分）

［討論終局の動議］ **衆規120** 発言者未タ尽キスト雖議員討論終局ノ動議ヲ提出シ20人以上ノ賛成アルトキハ議長ハ議院ニ諮ヒ討論ヲ用キスシテ之ヲ決スヘシ **貴規102** 発言者未タ尽キスト雖議員討論終局ノ動議ヲ提出シ20人以上ノ賛成者アルトキハ議長ハ討論ヲ用キスシテ議院ニ諮ヒ之ヲ決スヘシ ② 討論終局ノ動議ハ賛否各2人以上ノ発言アリタル後ニ非サレハ之ヲ提出スルコトヲ得ス但シ一方ノミ2人以上発言シ他ノ一方ニ於テ発言ノ要求者ナキ場合ハ此ノ限ニ在ラス <hr> （質疑終局の動議） **貴規105** 問題ニ対シ質疑続出シテ容易ニ終局セサルトキハ議員ハ質疑ヲ終局スルノ動議ヲ提出スルコトヲ得此ノ動議ニハ第102条第1項ノ規定ヲ適用ス ［討論終局後の質疑禁止・質疑終局の動議］ **衆規121** 討論終局シタルトキハ質疑ハ之ヲ許サス ② 質疑ヲ終局セムトスルトキハ前条ノ例ニ依ル	【質疑終局の動議】 **140条** 質疑が続出して，容易に終局しないときは，議員20人以上から質疑終局の動議を提出することができる。 【討論終局の動議】 **141条** 賛否各々2人以上の発言があつた後，又は甲方が2人以上発言して乙方に発言の要求者がないときは，議員20人以上から討論終局の動議を提出することができる。 【質疑終局動議・討論終局動議の採決】 **142条** 前2条による質疑終局又は討論終局の動議が提出されたときは，議長は，討論を用いないで議院に諮りこれを決する。☞「前2条の規定」（昭30改正）	【質疑終局の動議】 **111条** [1]問題に対し質疑が続出して容易に終局しないときは，議員は，[2]質疑終局の動議を提出することができる。 ☞ [1]下線削除（昭30改正） ☞ [2]追加「20人以上の賛成で」（昭33改正） ② 前項の動議に<u>20人以上の賛成者があるときは</u>，議長は，討論を用いないで，議院に諮りこれを決する。 ☞「が提出されたときは，」（昭33改正） 【討論終局の動議】 **120条** 賛否各々2人以上の発言があつた後，又は甲方が2人以上発言して乙方に発言の要求者が[1]ないとき，[2]議員は討論終局の動議を提出することができる。 ☞ [1]「ないときは」（昭30改正） ☞ [2]「議員は，20人以上の賛成で」（昭33改正） ② [3]この動議[4]に<u>20人以上の賛成者があるときは</u>，議長は討論を用いないで，議院に諮りこれを決する。 ☞ [3]「前項の動議」（昭30改正） ☞ [4]「が提出されたときは，」（昭33改正）

付録3　質疑応答に関する主な先例項目（現行）

衆議院先例集（平成29/2017年版） ※各号表題と関連法規（事例等省略）	参議院先例録（平成25/2013年版） ※左欄と同じ
273 発言の通告は，案件が議事日程に記載された後に，これを受理する。［後略］ （［注］会派の関与につき記載がないが，参議院と同様）	250 発言の通告は，文書によるのを例とする（説明文）所属会派を通じて（会派に属しない議員は本人から）事務局に通告するのを例とする。
259 会期の始めにおける国務大臣の演説に対する質疑は，議院運営委員会において定める順位により，これを許可する。	251 質疑又は討論の発言者数，発言の順序及び発言時間は，議院運営委員会において協定する（国55の2,61,参規94）
260 国務大臣の演説に対する質疑者は，まず質疑事項の全部を述べるのを例とする。	298 議院の会議における質疑は，一問一答をしないのを例とする（参規110）
下記261中の備考（「答弁を要求する大臣の数は4名を超えないようにする。」）	300 質疑に対する答弁者は，5人までとするのを例とする
489　参照 261 国務大臣の演説に対する質疑は，国務の全般にわたることができる。	346 国務大臣の議院の会議への出席に関する例（憲63,72） 347 予算の会議及び国務大臣の演説に関する件の会議には，全ての国務大臣が出席する（憲63） 348 国務大臣の決算の概要報告の会議及び決算の会議への出席に関する例
262 質疑は，3回を超えることができない。（衆規134の2）	301 再質疑は，制限時間又は協定時間内において許可する（国55の2,61,参規110）
263 質疑は，その範囲を超えることができない。（衆規134）	260 議長は，議員の発言が議題の外にわたり又はその範囲を超えると認めるときは，これを制止する（国116,参規100）
274 質疑又は討論の発言者数及びその順位は，議院運営委員会においてこれを定める。（衆規125,135,136）	251 参照
276 質疑，討論，議事進行及び身上に関する発言については，議院運営委員会において発言時間を申し合わせるのを例とする。	251 参照
（［注］先例集に記載がないが，参議院と同様）	305 委員会の審査を終わった案件については，質疑を行わないのを例とする（参規108）
489 国務大臣等は，議員から議院に出席を求められたときは，おおむね出席するのを例とする。	346 （説明文）国務大臣は，その所管に属する案件が議題になるとき，又は答弁のため出席を求められたときは，議院の会議に

付録3　質疑応答に関する主な先例項目（現行）

（[注]先例集に記載がないが，所管に属する案件が議題になるとき，又は答弁のため出席を求められたとき，参議院と同様）	出席する。
（[注]先例集に記載がないが，参議院と同様）	347（説明文）議院の会議において予算を審議するとき，国務大臣の演説及び同演説に対する質疑を行うときは，全ての国務大臣が出席する。
	348（説明文）第156回国会（平成13年度決算）以後，…決算の概要について…質疑を行うときは，全ての国務大臣が出席するのを例とする。また，…決算の審議をするときは，内閣総理大臣及び財務大臣が出席するのを例とする。
衆議院委員会先例集（平成29/2017年版）	**参議院委員会先例録**（平成25/2013年版）
42 発言を，理事の協議に基づいて定めた順位によって，許可する。（衆規45, 125, 126, 127, 128, 135, 137） （説明文）……，質疑については各会派の所属議員数の比率を考慮して定めることが多く，討論については反対賛成にかかわりなく又は反対賛成交互に，いずれも所属議員数の多少による会派の順序によって定めることが多い。	134 質疑者の順序に関する例（参規42, 80の8） （説明文）……，理事会において，あらかじめ申出のあった質疑希望に基づき，各会派の所属委員数等を考慮して定めた順位により，委員長から順次発言を求め，委員長がこれを許可した例が多い。 139 討論者の順序に関する例（参規116） （説明文）討論は，修正案がない場合には，原案に反対，賛成の順序で交互に大会派から行うのを例とする。[後略]
45 発言時間を，各会派の所属議員数の比率に基づいて，各会派に割り当てる。	121 発言時間をあらかじめ各会派に割り当てた例 135 予算委員会における質疑に関する例
84 質疑は，案件の全部について，これを行う。（衆規45）	（参規42参照）
85 質疑が終わったものと認めたときは，委員長において質疑の終局を宣告するのを例とするが，委員会に諮ってこれを決したこともある。（衆規139, 140, 142）	135 質疑の終局に関する例（参規48, 112, 80の8）
86 討論は，質疑が終局した後，これに入るのを例とする。（衆規45, 118）	（参規113参照）
87 討論は，案件の全部について行う。（衆規118）	142 討論は，案件の全部について行うのを例とする

参 考 文 献

◆参考文献
・衆議院先例彙纂（衆議院事務局編）（各版）
・衆議院委員会先例彙纂（衆議院事務局編）（各版）
・貴族院先例録（貴族院事務局編）（各版）
・貴族院委員会先例録（貴族院事務局編）（各版）
・衆議院先例集（衆議院事務局編）（各版）
・衆議院委員会先例集（衆議院事務局編）（各版）
・参議院先例録（参議院事務局編）（各版）
・参議院委員会先例録（参議院事務局編）（各版）
　　※ 以上の編纂・改訂経過は，白井 2017：26-28 参照。
・『各派交渉会史料』（帝国議会衆議院各派交渉会記録反訳・暫定版）：4 分冊：25
　回議会〜 92 回議会（2016，衆議院事務局議事部編）
・各派交渉会記録（非公開：衆議院事務局所蔵）1 回，2 回国会
- -
・赤坂幸一・2001「明治議院規則の制定過程(1)── 委員会規則を中心として」『議
　会政治研究』60 号
・赤坂幸一・2002「明治議院規則の制定過程(2)── 委員会規則を中心として」『議
　会政治研究』61 号
・赤坂幸一・2004「戦後議会制度改革の経緯（一）」『金沢法学』47 巻 1 号（金沢大
　学）
・赤坂幸一・2016「ドイツにおける憲法改正論議」『「憲法改正」の比較政治学』（弘
　文堂）
・赤坂幸一・2017. 7「統治機構論探訪（第 3 回）インフォーマルな憲法秩序」『法
　学セミナー』750 号（日本評論社）
・赤坂幸一・2018. 6「統治機構論探訪（第 14 回）政治空間と法 ── 議場構造の憲
　法学」『法学セミナー』761 号（日本評論社）
・赤坂幸一・2018. 8「統治機構論探訪（第 16 回）議会先例の形成」『法学セミナー』
　763 号（日本評論社）
・秋山啓介・2018. 6「国政調査権に基づく資料要求」『立法と調査』401 号（参議院
　常任委員会調査室・特別調査室）
・浅井清・1948『国会概説』（有斐閣）
・有馬学・2002『帝国の昭和』（講談社：日本の歴史 23）
・粟谷憲太郎・1983『昭和の政党』（小学館：昭和の歴史第 6 巻）
・新井誠・2017. 12「政府の統制 ── 与党（多数党）と野党（少数党）」『法学セミ
　ナー』755 号（日本評論社）
・飯尾潤・2007『日本の統治構造 ── 官僚内閣制から議院内閣制へ』（中公新書）
・伊藤博文・1889『憲法義解』（1989 岩波文庫／宮沢俊義校注）
・家永三郎・1998「天皇機関説」『国史大辞典』第 9 巻（吉川弘文館）

参考文献

・稲田正次・1962『明治憲法成立史（下巻）』（有斐閣）
・上田健介・2016「議院内閣制」『なぜ日本型統治システムは疲弊したのか』大石
　眞監修，懸公一郎・笠原英彦編著（ミネルヴァ書房）
・大石眞・1988『議院自律権の構造』（成文堂）
・大石眞・1991『議院法：明治22年』（日本立法資料全集3）（信山社）
・大石眞・1991.3「議院法起草の周辺——薄幸の全院委員会制度」『ジュリスト』
　974号（有斐閣）
・大石眞・2001『議会法』（有斐閣）
・大石眞・2005『日本憲法史（第2版）』（有斐閣）
・大西祥世・2017『参議院と議院内閣制』（信山社）
・大山礼子・2011『日本の国会』（岩波新書）
・大山礼子・2017B「忘れられた改革——国会改革の現状と課題」『駒沢法学』16巻
　3号（駒澤大学）
・岡崎加奈子・2003「国会法の制定と委員会制度の展開」『法学志林』101巻3号
　（法政大学）
・岡崎加奈子・2005「国会法の制定と委員会制度の展開（二）」『法学志林』102巻
　2号（法政大学）
・岡崎加奈子「常任委員会制度の定着化——1955年国会法改正過程と国会・政党の
　動向」奥健太郎，河野康子編『自民党政治の源流　事前審査制度の史的検証』（吉
　田書店）
・岡本修・2001「帝国議会の読会制度」『議会政治研究』59号
・奥健太郎・2014「事前審査制の起点と定着に関する一考察——自民党結成前後の
　政務調査会」『法学研究』87巻1号（慶應義塾大学）
・奥健太郎・2015「事前審査制度とは何か——研究史と本書の挑戦」奥健太郎，河
　野康子編『自民党政治の源流　事前審査制度の史的検証』（吉田書店）
・黒沢良・2015「議会審議と事前審査制の形成・発展——帝国議会から国会へ」奥
　健太郎，河野康子編『自民党政治の源流　事前審査制度の史的検証』（吉田書店）
・小宮京・2015「総務会に関する一考察——1953（昭和28年）の警察法改正を中
　心に」奥健太郎，河野康子編『自民党政治の源流　事前審査制度の史的検証』（吉
　田書店）
・ジャスティン・ウィリアムズ／市雄貴，星健一訳・1989『マッカーサーの政治改
　革』（朝日新聞社）
・ジャスティン・ウィリアムズ／赤坂幸一訳・2006「占領期における議会制度改革
　(1)」『議会政治研究』77号
・ジャスティン・ウィリアムズ／赤坂幸一訳・2007「占領期における議会制度改革
　(2)」『議会政治研究』78号
・梶田秀・2017『占領政策としての帝国議会改革と国会の成立1945-58』（信山社）
・加藤高明／奈良岡聰智編・2015『対英偶感』（中公文庫）

参 考 文 献

・桂俊夫・1992「衆議院本会議の発言順位と時間」『議会政治研究』24 号
・川人貞史・1992『日本の政党政治 1890-1937 年 —— 議会分析と選挙の数量分析』（東京大学出版会）
・川人貞史・2005『日本の国会制度と政党政治』（東京大学出版会）
・川人貞史・2015『議院内閣制』（東京大学出版会）
・貴族院事務局編・1890『各国上院規則』
・木村利雄・1992「衆議院先例彙纂の誕生と議会先例の歴史」『憲政記念館の 20 年』（衆議院憲政記念館編）
・木村利雄・1993「議会における交渉機関の変遷と会派の関係」『議会政治研究』26 号
・久野収・鶴見俊輔・1956『現代日本の思想』（岩波新書）
・小林和幸・2015「貴族院内議員席次・控室変更問題と会派 —— 大正・昭和初年の貴族院規則改正の論議を通じて」『青山史学』33 巻（青山学院大学文学部史学科研究室）
・駒崎義弘・2015「国会法の系譜 —— 議院法の継承と GHQ の影響」（放送大学大学院修士論文）
　（http://www.ne.jp/asahi/komazaki/yoshihiro/kokkaihounokeiful.pdf）
・駒村圭吾・2017. 5「言葉／意味／権力」『法律時報』（日本評論社）
・国立国会図書館『日本国憲法の誕生』
　（http://www.ndl.go.jp/constitution/index.html）
　　・「憲法改正草案に関する想定問答・同逐条説明」1946 年 4 月～6 月（内閣法制局）http://www.ndl.go.jp/constitution/shiryo/04/118/118_122l.html
　　・西澤哲四郎・1954「国会法立案過程における GHQ との関係」（占領体制研究会）http://www.ndl.go.jp/constitution/shiryo/05/002_39/002_39tx.html
・佐藤達夫・1964『日本国憲法成立史（第 2 巻）』（有斐閣）
・佐藤達夫・佐藤功（補訂）・1994『同第 3 巻』（有斐閣）
・佐藤功・1984『憲法（下）［新版］』（有斐閣）
・佐藤吉弘・1994『注解参議院規則（新版)』（参友会）
・衆議院参議院編 A・1990『議会制度百年史・議会制度編』（大蔵省印刷局）
・衆議院参議院編 B・1990『議会制度百年史・帝国議会史編』（大蔵省印刷局）
・衆議院事務局編・1890『各国衆議院規則』
・衆議院事務局編・1942『議事解説』（信山社，2011 復刻）
・白井誠・2012「憲法政治の循環性をめぐって」曽我部真裕，赤坂幸一編『憲法改革の理念と展開 上巻』（信山社）
・白井誠・2013『国会法』（信山社）
・白井誠・2017『政党政治の法構造 —— 明治・大正期憲法改革の地下水流』（信山社）
・杉原泰雄編・2008『新版 体系憲法事典』（青林書院）

参 考 文 献

・鈴木敦・2016「帝国議会議事速記録の公開経緯・再考(1)」── 芦田小委員会速記録の公開問題を中心として」『法学論集』78 号（山梨学院大学）
・鈴木隆夫・1953『国会運営の理論』（聯合出版社：2014 信山社復刻）
・瀧井一博・2010『伊藤博文』（中公新書）
・瀧井一博・2012「明治 40 年の憲法改革」曽我部真裕，赤坂幸一編『憲法改革の理念と展開 下巻』（信山社）
・瀧井一博・2016「日本憲法史における伊藤博文の遺産」駒村圭吾，待鳥聡史編『憲法改正の比較政治学』（弘文堂）
・田口弼一・1939『委員会制度の研究』（岩波書店）
・只野雅人・2017. 12「議会制民主主義の「危機」？ 日本の議会制民主主義の「今」を考える」『法学セミナー』755 号（日本評論社）
・出口雄一・2016「日本国憲法の成り立ちとは？ ── 憲法制定史」神野潔編著『教養としての憲法入門』（弘文堂）
・出口雄一・2018. 10「憲法秩序の変動と解釈の担い手 ── 浦和事件と「憲法争議」」『法律時報』（日本評論社）
・内藤一成・2008『貴族院』（同成社）
・中北浩嗣・2014『自民党政治の変容』（NHK 出版）
・中北浩嗣・2017『自民党 ──「一強」の実像』（中公新書）
・奈良岡聰智・2006『加藤高明と政党政治 ── 二大政党制への道』（山川出版社）
・奈良岡聰智・2015「議場構造論 ──「ひな壇」廃止論をめぐる攻防を中心として」御厨貴編『建築と権力のダイナミズム』（岩波書店）
・西村裕一・2016「憲法改革・憲法変遷・解釈改憲 日本憲法学説史の観点から」駒村圭吾，待鳥聡史編『憲法改正の比較政治学』（弘文堂）
・2020 年以降の経済社会構想会議有志一同：2018. 6. 25「よりオープンにより政策本位で〜政治不信を乗り越えるための国会改革〜」（小泉進次郎オフィシャルブログ）
・野中尚人・2015「日本の議会における時間リソースと審議パターン ── 国会・高知県議会とフランス国民議会の比較を通じて」『東洋文化研究』17 号（学習院大学）
・野中尚人・2016「戦後日本政治はマジョリタリアン型か ── 川人貞史『議院内閣制』をめぐる検証と日本型の「議会合理化」『執政制度の比較政治学』（日本比較政治学会年報 18 号，ミネルヴァ書房）
・野中尚人，青木遥・2016『政策会議と討論なき国会 官邸主導体制の成立と後退する熟議』（朝日新聞出版）
・蓮尾郁代・2011「アカウンタビリティーと責任の概念の関係 ── 責任概念の生成工場としてのアカウンタビリティーの概念」『国際公共政策研究』15 巻 2 号（大阪大学）
・原田一明・2012「議会先例としての『機関承認』の意味」曽我部真裕，赤坂幸一

編『憲法改革の理念と展開 上巻』(信山社)
- 原田一明・2015「議会による行政の統制——国政調査権，質問権」『トピックからはじめる統治制度憲法を考える』(有斐閣)
- 坂野潤治・2005『明治デモクラシー』(岩波新書)
- 坂野潤治・2012『日本近代政治史』(ちくま新書)
- 福元健太郎・2007『立法の制度と過程』(木鐸社)
- 伏見岳人・2013『近代日本の予算政治 1900 – 1914 桂太郎の政治指導と政党内閣の確立過程』(東京大学出版会)
- 古川隆久・2001『戦時議会』(吉川弘文館)
- 古屋哲夫・1991「序説 帝国議会の成立」『日本議会史録1』(第一法規出版)
- クリスチャン・ヴァルトホフ／赤坂幸一訳・2016「近年のドイツにおける議会法の展開——『加重された大連立 qualifizierte Grose Koalition』を踏まえて」『法政研究』82 巻 4 号(九州大学法政学会)
- 升味準之輔・1966『日本政党史論2』(東京大学出版会)
- 増山幹高・2015『立法と権力分立』(東京大学出版会)
- 待鳥聡史・2012『首相政治の制度分析』(千倉書房)
- 待鳥聡史・2015/A『政党システムと政党組織』(東京大学出版会)
- 待鳥聡史・2015/B『代表制民主主義——「民意」と「政治家」を問い直す』(中公新書)
- 三谷太一郎・2012「政党内閣期の条件」中村隆英，伊藤隆編『近代日本研究入門』(増補新装版)(東京大学出版会)
- 三谷太一郎・2017『日本の近代とは何であったのか——問題史的考察』(岩波新書)
- 宮沢俊義・芦部信義(補訂)・1978『全訂日本国憲法』(日本評論社)
- 向大野新治・1994「衆議院の委員会・発言順位と時間」『議会政治研究』30 号
- 向大野新治・2006「議案審査，議案事前審査制度の通説に誤りあり」『議会政治研究』80 号
- 向大野新治・2018『議会学』(吉田書店)
- 村井良太・2005『政党内閣制の成立 1918 ～ 27 年』(有斐閣)
- 村井良太・2014『政党内閣制の展開と崩壊 1927～36 年』(有斐閣)
- 村瀬信一・1997『帝国議会改革論』(吉川弘文館)
- 村瀬信一・2015『帝国議会〈戦前民主主義〉の 57 年』(講談社)
- 村西良太・2018.5「少数派・反対派・野党会派——政府統制の主体に対する覚書」『法律時報』(日本評論社)
- 森本昭夫・2017.5「国会の議事運営についての理事会協議——多数決と全会一致の間合い」『立法と調査』388 号(参議院常任委員会調査室・特別調査室)
- 夜久仁・2011「予算と法律との関係——予算の修正を中心として」『レファレンス』725 号(国立国会図書館)

参 考 文 献

・矢野信幸・2015「戦時議会における事前審査制の形成」奥健太郎，河野康子編『自民党政治の源流　事前審査制度の史的検証』（吉田書店）
・山崎高・1988「新国会の誕生「国会法の制定」『日本の国会』（読売新聞社）
・横山寛・2016「帝国議会における両院協議会の運用 ── 予算案を中心に」『法学政治学論究』109 号（慶應義塾大学）

事 項 索 引

＊「政党会派」，「大体の質疑応答」等の頻出するキー・ワードはその一部

◆ あ ◆

按ずるに ……………………………………*50, 51, 70*

委　員
　――と委員会の使い分け　……………………*31*
　――の審査　……………*6, 15, 30, 36, 41*
　――の討議　…………………*29-32, 40, 41*
　――の討議と本会議審議の有機的連関
　　………………………………………………*32*

委員会
　――質疑時間の大幅な放棄（与党）…*6, 8*
　――提出法案の起草　……………………*133*
　――の一般的質疑　………………*122, 133*
　――の質疑時間配分　………………*v, 3, 5*
　――の自立の拘束　………………………*116*
　――の非公開　………………………………*32*
　――の傍聴禁止と討議の関係　…………*33*
　――の本会議との同質化（――と本会議
　　の同質化）…………*44-48, 50, 55, 62*
　――のミニ本会議化　……………………*41*
　――の理事会協議　………………………*115*
委員会制度（国会の，アメリカ流の）…*84,*
　　　　　　　　　　　　　　　　　114, 122
委員会中心主義　…………*x, 15, 62, 64, 110, 120*
　常任――　…………………………………*63, 83*
　帝国議会の――　………………………*62, 64*
委員会閉鎖の件（議院法23条励行の
　決定）………………………………*33, 34, 41*
委員毎（政党会派毎）の枠内での一問一答
　の自由　……………………………………*61*
「委員の審査」から「委員会の審査」への
　パラダイム・シフト………*22, 40, 42, 62*
一院制的運用　………………………………*109*
伊藤内閣（第2次）と自由党の提携　……*65*
委任と責任の連鎖　…………*10, 128, 129, 130*
英国流　……………………*78, 116, 125*
延会の先例　………………………*106, 107*

演　壇　……………………………*18, 19, 28*

◆ か ◆

会　期　…………………………………*66, 93*
　短い――の制約　………………………*66, 67*
解　散
　――権　……………………………………*101*
　7条――　………………………*101, 108*
　69条――　………………………………*108*
　なれあい――　…………………………*108*
　抜き打ち――　………………*101, 108, 112*
　バカヤロー――　………………………*108*
会　派　…………………………………*12, 103*
会派（貴族院）　……………………………*20*
閣　議　…………………………………*117, 127*
各派協議会　………*33, 45, 48, 49, 55, 58-60, 111*
各派交渉会（貴族院）　……………………*20*
各派交渉会（衆議院）……*81, 97, 106, 107, 111*
　――規程6条（全会一致原則）…………*81*
各部選挙　………………………………*46, 47*
各部通算選挙　…………………………*45-47*
閣法中心の審議システム　…………………*133*
仮想現実（ヴァーチャルな拡張現実）……*93*
過半数意思の貫徹　……………………………*47*
過半数意思の形成プロセス　………*33, 44, 64*
過半数政党の出現　……………………………*46*
関係方面　………………………………*106, 108*
間接統治（占領管理）　………………*87, 105*
官邸主導　……………………………………*117*
幹部公務員人事　…………………………*118*
官民調和体制　………………*44, 45, 65, 75*
　――の永続システム（政党政治の法構造）
　　…………………*45, 74, 75, 78, 110*
　――の永続システムの遺伝特性　………*131*
　――の永続システムの歴史的，法的特性
　　………………………………………………*130*
　――の審議システム　………………*44, 62*

153

事項索引

官僚制 …………………………… *110, 117, 124*
官僚閥 ……………………………… *45, 66*
議案提出の賛成者 ………………………… *68*
奇異なる結果の現わるる ………………… *69*
議　院
　——の運営準則 …………………… *98, 99*
　——の自律権 …………………… *vii, 98*
　——の成立集会 ……………………… *85*
議院運営委員会 ……………… *III, 113*
　——理事会 …………………… *112, 113*
　——合同理事会（衆参両院）………… *112*
議院運営小委員協議会 ………………… *112*
議院規則
　貴族院規則成案 ………………… *18, 19*
　貴族院規則全部修正委員 ……………… *19*
　参議院規則 …………………… *76, 96, 97*
　暫定衆議院規則 ……… *76, 85, 94-99*
　衆議院規則 …………………… *76, 96, 97*
　衆貴各議院規則成案 ……… *13, 17, 18*
　衆貴各議院成立規則 …………………… *13*
　衆議院規則成案 ……………………… *17*
　明治議院規則
　　——「読会」の節 ………… *6, 7, 15, 73*
　　——「討論」の節 …… *6, 7, 15, 73, 76, 77*
　　——（正則）と違例の整合 ………… *22*
　大正衆議院規則 ……… *71-74, 76, 78*
　大正貴族院規則 ……… *74, 76, 77, 78*
議院提出法案 ……………………………… *30*
議院内閣制 ………… *5, 100, 128, 129, 130*
　——の運用システム …………………… *10*
　——の基本的な運用規範（憲法 63 条）
　　…………………………………… *103*
議院法伝統 … *ix, x, 5, 72, 91, 92, 98, 99, 101, 103*
議院法に触れずして ………… *72, 73, 74*
議員発議法案 ……………………………… *30*
議員立法 ………… *105, 109, 133, 134*
議会少数派権 ……………… *123, 130, 133*
　限定的で曖昧な——的なもの ………… *123*
議会振粛委員会（衆議院）……………… *80*
議会制度審議会（政府）………………… *80*
議会代表制の中心的な構成要素

立法作用・創設作用，政治的意思形成
　作用，公開作用，統制作用 …………… *129*
議会における討議の三原則 …………… *88*
議会の制度化 ……………………………… *viii*
機関承認（議案発議時の）……… *9, 57, 65,*
　　　　　　　　　　　　　　68, 69, 113
議事協議会 ……………………………… *112*
議事進捗に関する申合 ………………… *81*
議場の構造 …………………… *27, 29*
議　席 …………………… *18, 28*
　——の会派区画協議 …………………… *48*
　——の議長指定制 ……………………… *48*
　——の抽選制 …………… *12, 28, 48*
貴族院
　——の会派 ……………………………… *20*
　——の先例と旧衆議院の先例との同質
　　性 ……………………………………… *98*
貴族院議員の任期延長 ……………… *90, 91*
貴族院書記官長 ………………………… *95*
議　長
　——による指名（特別委員，両院協議
　　会協議委員）………………… *46, 47*
　——による議院運営委員会への諮問・
　　答申 ……………………… *112, 115*
　——の議運委員会への常時出席 ……… *III*
議長権限
　——と政党間協議の法的接合 ………… *48*
　——と政党会派による運営の法的連関
　　………………………………… *III, 113*
議長裁定・議長斡旋 …………………… *113*
議長・副議長の党籍離脱 ……………… *72*
議長（議長職務執行者を含む）への委任
　規定 …………………………………… *95*
希望決議 ………………………………… *72*
逆コース ………………………………… *110*
旧憲法 54 条（超然主義の基本的な運用
　規範）………………… *26, 102, 103*
行財政改革に関する特別委員会 ……… *122*
協働の基盤（委員会としての，議院と
　しての，議院と内閣の）……*x, 119, 120,*
　　　　　　　　　　　121, 132, 133

154

事項索引

桂園時代 ……………………… *67*
　——型議会運営 ……………… *66*
経済停滞の構造化 ………………… *III*
警職法改正法案 ……………… *110, 112*
現実的な妥協のプロセス ……… *131, 132, 135*
憲政の常道 ………………………… *4, 78*
憲政本党 ……………………………… *46, 48*
幻想への回帰 ……………………… *118, 135*
憲　法
　—— 41 条（国権の最高機関，国の唯一
　　の立法機関）………………… *104*
　—— 63 条（相互交渉・抑制の関係）
　　……………………… *vii, 101-103*
　——全体の同時施行 ……………… *91, 93*
　——と国会法及び暫定衆議院規則に反し
　　ないもの（旧衆議院規則）………… *98*
　——と国会法の精神に反しないもの
　　（旧先例等）………………… *81, 98*
　——と政党政治の法的接合に関する抽象
　　的理解 ………………………… *131*
　——と帝国憲法の法的継続 ………… *86*
　——による「規整」………………… *135*
憲法改革 ……………………………… *ix, 75*
　平成期—— ……… *116, 124, 127, 134*
　明治・大正期—— ……………… *75, 116*
憲法改正草案口語化第二次草案の補則 … *91*
憲法改正草案に関する想定問答・同逐条説
　明 1946 年 4 月〜6 月 ……………… *95*
憲法改正草案要綱 ……… *86, 88, 89, 91*
憲法改正草案要綱中第 95（補則）……… *89*
憲法改正論議 ……………………… *x, 134*
憲法議会 ……………………………… *87, 91*
憲法義解 ………………………………… *37*
憲法附属法 …………………………… *87, 94*
憲法補則 …………………………… *85, 93-96*
　——の通説的な解釈 ………………… *95*
元老（西園寺公望）………………… *78, 116*
権力の分立（権力分立）……… *104, 129, 130*
綱紀粛正要綱 …………………………… *80*
皇室典範特例法案 ………………… *120, 135*
交渉団体 ………………………………… *59*

恒常的な過半数政党 ……………… *44, 75, 78*
公職追放 ……………………………… *87, 91*
公聴会の公述人・参考人 ……………… *133*
公文書管理法 ………………………… *124*
国政調査権 ………………………… *120, 121*
　——発動の別車線化（特別調査会の設置）
　　…………………………………… *120*
　委員会の——行使を実質的に肩代わりし，
　　遮断するもの ………………… *120*
　委員会の——に基づく資料要求の実際
　　…………………………………… *122*
　効率的で機動的な——の行使………… *121,*
　　　　　　　　　　　　　　　　123, 124
国政調査の一般化 ………………… *121, 123*
国対（国会対策委員会）………… *113, 115, 116*
国対政治………………………… *110, 111, 117*
国体の護持 ……………………………… *87*
国民統合の象徴 ……………………… *134*
国民の総意 …………………………… *134, 135*
国民の統合機能 ……………………… *135*
国民主権 …………………………… *87, 130, 131*
国務大臣の演説 ………………………… *56*
　——に対する質疑（国政の全般にわたる）
　　…………………………………… *60*
　——に対する質疑（全大臣の出席）…… *60*
　——に対する質疑（代表質疑）……… *60*
　——に対する質疑の制度化 ………… *55*
国務大臣の出席
　議院の出席要求（議決による，議決に
　　よらない）…………………… *102*
　議員（政党会派）の答弁要求に基づ
　　く ………………………… *61, 102*
護憲三派内閣 ……………………… *73, 74, 78*
護憲三派内閣（加藤内閣）…………… *73, 78*
55 年体制 ………………………… *110, 111*
国　会
　——と内閣の関係性 ………………… *87*
　——の召集日 ………………………… *86*
　——の審議システムの原型 ………… *63*
　——の誕生 …………………………… *87*
　——の特性 …………………………… *5*

155

事 項 索 引

──発足時 ……………………………86
国会運営上の駆け引き …………113, 114, 115,
　　　　　　　　　　　　121, 123, 126
──と一体化した効率的で機動的な国政
　調査権の行使 ……………………124
──と国政調査の一体化 ……………120
国会改革 …………………………v-vii
国会事故調（福島第一原子力発電所事故）
　……………………………………120
国会審議
　──における多様性の反映と集約の
　　プロセス ……………………131, 135
　──の一車線 ………………………120
　──の三車線化 …………………vi
　──の質の再構築…………………135
　──の充実に関する申し合わせ …vii, 126
国会審議活性化法 …………………125, 126
国会（帝国議会，戦時議会，55年体制）
　審議（の）迅速化・合理化………x , 5, 62,
　　　　　　　　　　　　81, 111, 134
国会制度 …………………ix, x, 5, 92, 98, 99, 104,
　　　　　　　　　　110, 120, 125, 134
国会法案の立案主体（衆議院）……………92
国会法56条2項（議案審議の基本規定）
　……………………………63, 114, 115
国会法56条の2（本会議趣旨説明）……63,
　　　　　　　　　　　　114, 115
国会法附則 ………………85, 94, 95, 96
国家基本政策委員会等の運用等，国会
　審議のあり方に関する申合せ ……125, 126
国家公務員制度改革基本法 …………118
国家公務員法改正（平成26年）…………118

◆ さ ◆

再質疑 ……………………………………60
参議院
　──と衆議院の同質化 …………92, 98, 109
　──の具体的な発足 ………………93
　──の継続性から準立法期への重心
　　の移動 …………………………109
　──の政党化 ………………………92, 98

──の選挙制度改革（全国区，拘束名
　簿式比例代表制，非拘束名簿式比
　例代表制）………………………109
──の先例 ………………………98
カーボンコピーとしての── …………109
強い── ……………………………109
強すぎる── ………………………109
参議院（貴族院）に関する措置案 ………90
参政官 ……………………………68, 69
賛成者要件の付加 ………………………109
サンフランシスコ平和条約 ……………108
GHQ（連合国最高司令官総司令部）……86,
　　　　　　　　　　105-108, 111
事 実 ………………………118, 122, 124
自粛（常任委員会制度の自己拘束）……109
質 疑 ………………………16, 77, 78
　──と討論の分離 ………………25
　──の応答者に関する規定 ………25, 26
　──のコントロール ………………55
　代表── ……………………………60
質疑応答 ……………………………16
　──に関する先例（先例彙纂初出）…21
　自他を問わない──の連鎖 ……24, 25, 29,
　　　　　　　　　32, 41, 59, 60
　政党会派と政府による──の分断・囲
　　込み ………viii, ix, x, 3, 5, 8, 9, 59, 60, 65,
　　　　　　　　　103, 113, 130
　政党会派と政府による大体の──の
　　分断・囲込み …………………7
質疑応答の構造…………ix, x, 6-10, 29, 69, 78,
　　　　　　79, 100, 108, 109, 110, 116, 130
　──の完成 ………………………65
　──の普遍的な隠れた鍵 …………60
　──のリバランス ………………109
質疑事項の全部を一度に述べる ………60
質疑終局宣告規定 ………………………78
　──の不存在 ……………………77
質疑終局動議 ……………………………77
質疑内容の事前通告 ……………………9, 125
実定制度
　──上の「政」の拡張と集権化 …117, 125

156

事項索引

質問（文書，口頭，緊急）………18, 19, 56, 68
質問取り ………………………………9, 125
事務総長（国会役員）………………86, 94
　参議院── ……………………………95
　衆議院── ……………………………94
衆議院議員選挙法（89回議会改正）……87
衆議院の法的連続 ……………………93
衆議院の優越 …………………………93
衆貴両院の同質性 ……………………20
衆参ねじれ ……………………………117
修正案 …………………………………42
　──条項審議 ………………43, 50, 71
自由討議 ………………………………63
熟議のプロセス …………………33, 119
首相政治 ………………………………117
情意投合宣言 …………………………58
少数政党排除 …………………………109
常置委員会 ………………………80, 83
象徴天皇制 ……………………………87
常任委員会制度 …………………108, 109
常任委員会中心主義 …………………63, 83
常任委員熱 ………………………47, 48
常任委員の比例配分 ……………47, 48
情報監視審査会 ………………………120
情報公開法 ……………………………124
書記官長 …………………………51, 86, 94
　貴族院── ……………………………95
　衆議院── ……………………………94
初期議会 ………………………………24
植民地帝国 ………………………75, 79
自立的・自足的な審議システム ……39
審議会政治 ……………………………117
審議全体の第一読会化 ………………42
審議と審査の使い分け ………………31
新日本憲法制定に関する諸基準
　（極東委員会）………………………89
政官関係の透明化作 …………………118
政権獲得のための至上命題 ……79, 117
政権担当権力 …………………………80
政権与党が永続する（はず）の ……78, 110
生産性向上 …………………………vi, 134

政治主導 ………………………………117
政治的美称 ……………………………104
正則と違例の整合 ……………………22
政党会派
　──と政府の協働 …………………62
　──による（自律的）運営 …58, 59, 62, 82
　──による審議システム（先例による
　　審議システム）…………8, 69, 73, 103
　──による（事前）通告（質疑者，発言者）
　　…………………………………55, 57, 59
　──による動議の提出 ……………57
　──の管理・統制 ……………58, 59
　──の改良 ………………………4, 39
　──の談合 ……………………45, 48
　──を基礎的構成単位とする運営 ……45
政党政治と帝国憲法体制の正統的な融合
　…………………………………………73, 74
政党政治の運用システム ………10, 100, 101
政党政治の法構造…………ix, 9, 74, 78, 100
政党内閣確立過程 ……………………67
政党内閣制 …………ix, 3-5, 75, 79, 100, 116
　──の時代 …………………………79
　──の制度化 …………………100, 101
　──の定量化 …………………100, 103
「政」と「官」
　──の（不可視な構造的）関係性…10, 110
　不可視な──の関係性の変容 ……122
政府委員 …………………30, 38, 102, 125
　──から発議委員への質問（双方向の
　　質疑応答）…………………………30
政府委員席 ……………………………28
政府参考人 ……………………………125
政府提出法案（歳入法案）……………38
政府特別補佐人 ………………………125
政府と政党会派の関係性を（めぐる変革）
　の坩堝…………………………………33, 39
政府と政党会派（特定政党）の提携 ……39
政府と野党の対立関係（政府VS野党）…8,
　　　　　　　　　　　　　　　　131, 132
政府と与党の融合関係の永続化 ……59
政府の施政原理 ………………………12

157

事 項 索 引

政府与党二元体制 ……………………59
政務三役（大臣，副大臣，大臣政務官）…125
政務調査会（政友会）………………66
政友会 ………36, 44-46, 48, 58, 66, 68
説明会 …………………………x, 131
説明責任 ……………………128, 131
全院委員会の傍聴許可 ……………35
選挙制度改革 ……ix, 109, 116, 117, 125
全国民を代表する地位 ……………135
戦時議会 ………………………5, 81
戦時の記憶・経験則 ………………67
前年度予算の施行 …………………38
先　例 …………………vii, viii, x
　　――と議院法・議院規則の体系的な
　　　倒立関係 …………………73, 103
　　――による貴族院の審議と衆議院と
　　　の同質化 …………………19
　　――による審議システム ……8, 69, 70,
　　　　　　　　　　　　　72, 73, 77
　　――による審議システムと議院規則
　　　の倒立関係 …………………78
　　確立した―― ………………69, 113
先例等 …………………ix, 97, 98
相互交渉・抑制の関係 ……………103
総選挙の勝利 ………………………79
忖　度 ………………………………118

◆ た ◆

大臣席 ………………………………28
大体ニ付質疑 ………………………17
大体の質疑応答 ……………7, 8, 17-19, 26,
　　　　　　　　　　　33, 38-40, 51
　　――として再定義 ………………71
　　――の全部化 …17, 41, 42, 44, 45, 51, 55, 63
　　――の典型………………55, 58, 62
　　管理された―― …………………59
　　「大体の質疑応答 → 全体につき意思決定」
　　　の枠組み …………40-42, 44, 51
代表議会 ……………………130, 131
　　――の作用（立法作用・創設作用，政治
　　　的意思形成作用，公開作用，統制作用）

　　　　　　　　　　…………129, 130
多数決と全会一致の間合い ……………82
逐条審議 ………25, 32, 33, 41, 50, 51
　　――に関わる規定の無意味化 ………73
　　――の消失 ………17, 43, 44, 59, 60
　　――放棄の規範化（本会議）………49, 50
　　――放棄の規範化（委員会）………51
調査会（衆議院，貴族院）………………83
超然主義 ………………………11, 12
　　――の審議システム ………………13, 17
通告順 ………………………………58
通則の消去と違例による置き換え ……49, 50
強い国会 ……………………………128
　　――と強い内閣の両立 ……………128
強い政府（強い内閣）………116, 117, 127, 128
吊るしの慣行 …………………114, 115
帝国議会審議の第一読会化 ……………42
帝国議会制度 …………………………5
帝国憲法体制
　　――と政党政治が共棲する法構造 ……74
　　――の擬態 ………………………79
鉄の三角形 …………………………111
徹夜国会 ……………………………106
転回的な規範化基準 …………………36, 51
転　向 ………………………………87
天　皇
　　――のお言葉 ……………………134
　　――の公務の負担軽減等に関する有識者
　　　会議 …………………………120
　　――の公務への思い ………………134
　　――の国事行為 ………………87, 100
　　――の退位等についての立法府の対応
　　　に関する会議 …………………120
　　象徴――制 ………………………87
倒閣抗争 ……………………………78
討　議
　　――の欠落の歴史的，法的特性 ………131
　　――の排除 ……………………129, 130
　　――のプロセス ……44, 64, 69, 119, 127
　　――のプロセスの外部への派生 ………65
　　新たな―― ………………………132

事 項 索 引

委員の── ………………… *29-34*
自立的・自足的な──のプロセス …*viii,*
　　　　　　　　　　　　　　　32, 33
本会議の── ……………………… *31*
党議拘束 ………………… *9, 65, 69, 109*
党首討論 ………………… *v, vi, 125, 126*
統治構造 ………………………… *92, 99*
統治構造改革 ……… *ix, 116, 117, 125, 127*
討　論
　──の節（明治議院規則）……*6, 15, 16, 24,*
　　　　　　　　　　　　　73, 76, 77
　狭義の── ………………*44, 76, 77*
　広義の── ………… *7, 24-27, 76, 77*
討論終局宣告規定 ………………… *78*
討論終局動議 ……………………… *76*
読会制度 ………………… *6, 7, 14, 41*
　──の実質的な解体 ………………*42*
　──のプロセスからの委員会の分離・
　　独立 …………………………… *42*
読会の順序に倣い ………………… *51*
読会の節（明治議院規則）……*6, 7, 15, 73*
特別委員の比例配分 ……………… *45, 46*

◆ な ◆

内閣法制局 ……………………… *95*
27回議会の画期 ………………… *57*
二大政党制的政治構造 …………… *3*
二大政党体制 ……………… *78, 116*
二大政党体制（憲法改正の発議が不可能な）
　………………………………… *110*
日米安保条約改定・承認 ……… *110*
日程闘争 ………………… *114, 121*

◆ は ◆

発　言
　自席からの（での）── ……… *24, 28*
　事前通告のない── ……………… *28*
藩閥政府 ……… *11, 16, 18, 27, 33, 36, 38*
日々の議事運営 …………… *III, 112*
フォーマル／インフォーマルな統治シス
　テムの共棲 …………………… *127*

不穏当発言の取扱い ……………… *108*
福島第一原子力発電所「国会事故調」…*120*
普選法（案） ……………………… *73, 78*
部　属 ……………………… *12, 46*
プレスコード ……………………… *106*
分断議会 ……………………… *x, 131*
変革の記憶の封印・消去 ……… *73*
法律案（両院の対等性） ……… *38*
ポツダム緊急勅令 ……………… *105*
ポツダム命令 …………………… *105*
本会議
　──に関する法規に準拠 ……… *36, 51*
　──の準用規定 …………… *30, 36, 51*
本会議中心主義……… *x, 15, 34, 64, 74, 83, 119*
　──という静態 ……………… *67*

◆ ま ◆

マッカーサー草案 ……………… *88, 89*
マニフェスト ……………………… *117*
民権派 …………………………… *11*
民　党 ……… *12, 13, 16, 17, 23, 26, 27, 33, 38*

◆ や ◆

野党の提出法案 …………………… *133*
有終の美 …………………… *38, 73*
予算案…………………… *32, 44, 62, 115*
　──の衆議院先議 ……………… *37*
予算委員 …………………… *37, 47*
　──の審査期間 ………………… *37*
予算委員会（総会） ……………… *61*
　──の基本的質疑，集中審議 ……… *v, 126*
　──の重量化 …………………… *48*
予算交渉会方式 …………………… *65*
与党委員の使命 …………………… *132*
（与党の）事前審査（制度） ……… *9, 57, 65,*
　　　　　　　　　　　　69, 108, 109
　自民党の── ……………… *110, 113*
　自由党が始めた──と機関承認 ……… *108*
与党の提出法案 …………………… *133*
予備的審査機関 …………………… *62*
与野党対立構造への過剰適応 ………… *80*

159

事項索引

与野党対立の単一構造 ……………………69
与野党筆頭国対委員長間協議 ……………116
与野党筆頭理事間協議 ……………………115

◆ ら ◆

立法協賛機関 …viii, 6, 33, 38, 39, 100, 127, 131
　――と政府の関係性をめぐる構造改革
　………………………………………74
　――の擬態 ……………………………78-80
両院協議会協議委員
　――と元の議決との同質化 ……………46

――の選出（各部通算選挙，議場選挙，
　議長指名） ……………………………46, 47
両議院関係規定 ………………………92, 93
臨時行政調査会（第二次） ………………122
臨時帝国議会事務局 ………………………13, 23
冷戦構造 ……………………………………iii

◆ わ ◆

和協の詔勅 …………………………38, 45, 65

〈著者紹介〉

白 井　誠（しらい まこと）

shiraimakoto@gmail.com

1951 年生まれ

元衆議院事務局議事部長

議事部議案課，議事部議事課，委員部調査課等を経て，議事課長，議事部副部長，
庶務部副部長，秘書課長，議事部長，調査局総務調査室長（2011 年退職）

〈主要著書・論文〉

『国会法』（信山社，2013 年）

『政党政治の法構造 ── 明治・大正期憲法改革の地下水流』（信山社，2017 年）

「憲法政治の循環性をめぐって」『憲法改革の理念と展開（大石眞先生還暦記念）上
　巻』（曽我部真裕，赤坂幸一編：信山社，2012 年）所収

政党政治を考える

── 「議会の制度化」と質疑応答 ──

2019年（平成31年）2 月15日　第 1 版第 1 刷発行

8645-8:P180　¥1800E-012-010-002

著　者　白　井　誠

発行者　今井 貴・稲葉文子

発行所　株式会社 信山社

〒113-0033　東京都文京区本郷 6-2-9-102

Tel 03-3818-1019　Fax 03-3818-0344

info@shinzansha.co.jp

笠間才木支店　〒309-1611 茨城県笠間市笠間 515-3

Tel 0296-71-9081　Fax 0296-71-9082

笠間来栖支店　〒309-1625 茨城県笠間市来栖 2345-1

Tel 0296-71-0215　Fax 0296-72-5410

出版契約 2019-8645-8-01011 Printed in Japan

©白井誠，2019　印刷・製本／ワイズ書籍（Y）・牧製本

ISBN978-4-7972-8645-8 C3332　分類310.000 政党政治

JCOPY 《(社)出版者著作権管理機構 委託出版物》

本書の無断複写は著作権法上での例外を除き禁じられています。複写される場合は，
そのつど事前に，(社)出版者著作権管理機構（電話03-3513-6969，FAX03-3513-6979，
e-mail: info@jcopy.or.jp）の許諾を得てください。

◆国会法　白井誠 著

◆政党政治の法構造 — 明治・大正期憲法改革の地下水流　白井誠 著

◆憲法改革の理念と展開　上・下（大石眞先生還暦記念）

　　曽我部真裕・赤坂幸一 編

◆逐条国会法　1～7　昭和54年3月衆議院事務局 編

◆逐条国会法　8 補巻〈追録〉平成21年12月衆議院事務局 編

◆国会運営の理論　鈴木隆夫 著／今野彧男 解題

◆国会法の理念と運用 — 鈴木隆夫論文集　鈴木隆夫 著

◆国会運営の裏方たち — 衆議院事務局の戦後史

　　今野彧男 著／赤坂幸一・奈良岡聰智 編著

◆立法過程と議事運営 — 衆議院事務局の三十五年

　　近藤誠治 著／赤坂幸一・奈良岡聰智 編著

◆議会政治と55年体制 — 衆議院事務総長の回想

　　谷福丸 著／赤坂幸一・奈良岡聰智・牧原出 編著

◆憲法の基底と憲法論 — 思想・制度・運用（高見勝利先生古稀記念）

　　岡田信弘・笹田栄司・長谷部恭男 編

◆日本近現代法史（資料・年表）〔第2版〕

　　藤田正・吉井蒼生夫・小澤隆司・林真貴子 編著

◆行政手続法制定資料〔平成5年〕塩野宏・小早川光郎 編著

◆国家賠償法〔昭和22年〕宇賀克也 編著

◆地方自治法改正史　小西敦 著

◆判例プラクティス憲法【増補版】憲法判例研究会編／淺野博宣・

　　尾形健・小島慎司・宍戸常寿・曽我部真裕・中林暁生・山本龍彦 著

◆（衆議院ノ）議事解説 昭和17年帝国議会衆議院事務局 編（復刻版）

◆議事解説　昭和17年帝国議会衆議院事務局 編／原田一明 解題（翻刻版）

◆日本国憲法制定資料全集 芦部信喜・高橋和之・高見勝利・日比野勤 編著

信山社